中华先锋人物
故事汇

郭兰英

花篮的花儿香

GUO LANYING
HUALAN DE HUA'ER XIANG

陈梦敏　著

图书在版编目（CIP）数据

郭兰英：花篮的花儿香/陈梦敏著. —南宁：接力出版社；北京：党建读物出版社，2021.6

（中华人物故事汇．中华先锋人物故事汇）

ISBN 978-7-5448-7200-3

Ⅰ.①郭… Ⅱ.①陈… Ⅲ.①传记小说-中国-当代 Ⅳ.①I247.5

中国版本图书馆CIP数据核字(2021)第091889号

郭兰英 —— 花篮的花儿香

陈梦敏　著

责任编辑：	李　杨　屈建丽
责任校对：	王　蒙　阮　萍
装帧设计：	严　冬　许继云　　**美术编辑**：高春雷
出版发行：	党建读物出版社　　接力出版社
地　　址：	北京市西城区西长安街80号东楼（邮编：100815）
	广西南宁市园湖南路9号（邮编：530022）
网　　址：	http://www.djcb71.com　　http://www.jielibj.com
电　　话：	010-65547970/7621
经　　销：	新华书店
印　　刷：	河北鹏润印刷有限公司

2021年6月第1版　　2021年10月第2次印刷

787毫米×1092毫米　32开本　　5印张　　70千字

印数：10 001—20 000册　　定价：25.00元

本社版图书如有印装错误，我社负责调换（电话：010-65547970/7621）

目 录

写给小读者的话 ……………… 1

穷孩子的戏曲梦 ……………… 1

背井离乡学唱戏 ……………… 9

仗义放走小师妹 ……………… 17

倔强是一种勇气 ……………… 25

"梅花香自苦寒来" …………… 33

久别重逢 ……………………… 41

遇见《白毛女》 ……………… 47

加入革命的队伍 ……………… 53

和过去告别 …………………… 61

梦想成真 · · · · · · · · · · · · · · · · 67

飞向广阔的天地 · · · · · · · · · · · 75

在新歌剧的道路上
　　越走越远 · · · · · · · · · · · · · · 79

情感浸染出的歌声 · · · · · · · · · 85

难忘的音乐会 · · · · · · · · · · · · · 93

百尺竿头须进步 · · · · · · · · · · · 99

唱响不屈的战歌 · · · · · · · · · · 105

钢铁般的意志力 · · · · · · · · · · 111

让生命重新焕发光彩 · · · · · · · 117

用歌声传递思念 · · · · · · · · · · 125

告别舞台，追逐新梦 · · · · · · · 131

自办学校再起航 · · · · · · · · · · 137

桃李成行春满园 · · · · · · · · · · 145

写给小读者的话

亲爱的小读者,经典的艺术从来不会因为时光的流逝而褪色。

在新中国成立之初,一位名叫郭兰英的歌唱家就凭借着自己清澈甜美的歌声征服了千千万万中国人的心。

郭兰英演唱过《我的祖国》《南泥湾》《山丹丹开花红艳艳》等几代人耳熟能详的歌曲,如今这些歌曲还如珍珠一般,在音乐的海洋里闪耀光泽。也许对你们来说,也有几分熟悉。

郭兰英还是非常著名的歌剧表演艺术家。她主演过《白毛女》《刘胡兰》《小二黑结婚》等歌剧,她的表演获得了无数人的称赞。

一首又一首传遍大江南北的歌曲，一个又一个深入人心的歌剧形象，让郭兰英成为一个时代的纪念和代表。而最让我感动的是，郭兰英身上那股不屈不挠、迎难而上的劲头。直到今天，她的勤奋与刻苦，对梦想的坚持，仍然是值得我们学习并发扬光大的好品质。

　　打开这本书，你就会了解到，她经历了怎样的苦难，付出了多么艰辛的努力，才从一个穷苦人家的小女孩蜕变成一位家喻户晓、被人民所喜爱的大艺术家……

穷孩子的戏曲梦

日复一日地在黄土地上扶犁耕种，疲乏时，望望高远辽阔的蓝天，似乎只有吼两嗓子，才能纾解劳作带来的辛苦。

二十世纪二三十年代，在山西平遥地区，中路梆子、太谷秧歌广为流传。一个名叫郭心爱的小丫头，在这样的环境中耳濡目染，生出了对戏曲的痴迷。

有一天，村里来了一个戏班子，他们在村口搭了一座简陋的戏台。锣鼓咚咚咚咚震天响，勾得大人、小孩儿个个往村口跑，把戏台围得水泄不通。

郭心爱个头儿小，挤不进人群，只好爬上戏台旁边的大槐树，坐在树杈间看戏。台上的人都穿着色彩艳丽的戏服，伴着高亢清亮的唱腔翩翩起舞。小心爱看得格外入迷，曲终人散时，她还久久不舍得离开。她小心翼翼地靠近后台，悄悄撩起薄薄的布帘子向里张望。

刚才唱戏的花旦正在卸妆，小心爱痴痴地望着她，心想：她的脸就像三月的桃花那么好看！就在这时，花旦头上的红绒花滚落到地上，又三两下滚到了小心爱的脚边。

小心爱大着胆子伸手捡起来，递给花旦："你的花。"

"送给你吧。"花旦笑嘻嘻地说。

小心爱喜得不知道说什么好，她把红绒花紧紧地抓在手里，一溜烟儿地跑到村里的小河边。她对着清凌凌的水面，认真地把红绒花插在头上。

水面映照出来的小姑娘真好看！小心爱不禁学起了花旦在戏台上的模样。她身姿柔美，清眸流盼，咿咿呀呀地哼唱起来。

要是能唱一辈子该有多好呀！总有一天，我也要像她那样，站在台上唱戏！小心爱的心里生出了一个美好的愿望。

从此，小心爱对唱戏更加痴迷了。一听到有人唱戏，她就挪不动脚步，非要听个够才肯离开。她还很爱唱，当别的孩子在村里追逐打闹时，她却在一遍又一遍地模仿练习听到的戏曲。

小心爱很有天赋，又肯留心，但凡听过的戏，她很快就能学会。

有一次，十里之外的镇子上来了一个戏班子，小心爱便央求二哥带她去看戏，二哥平时待她最好了。

在戏台下，小心爱看得如痴如醉。台上的演员唱着唱着忘了词，小心爱一急，在台下亮开嗓子就唱了起来。

"啧啧啧，这个丫头不简单！"

"居然能接上词！"

小心爱甜美的嗓音引起了戏班班主的注意。他仔细打量着她：这丫头不仅歌声甜，长得也俊，尤其是那双大眼睛，灵动得像流动的溪水。唱戏讲究的是唱腔要好，扮相也要好，这丫头天生是个唱戏的好苗子！

"小丫头,你会不会唱《打金枝》?"戏班班主过来笑呵呵地问她。

"会!"

说完,小心爱就大大方方地唱起来。

> 头戴上翡翠双凤齐,
> 身穿上绫罗锦绣衣。
> 我公爹今日里寿诞期,
> 众哥嫂拜寿都去齐。
> 一个个成双又配对,
> 单留下驸马独自己。
> 我父王本是当今皇帝,
> 我乃是金枝玉叶驸马妻,
> 本想过府拜寿去,
> 君拜臣来使不得,
> 宫门上红灯高挂起,
> 等驸马回宫来安排宴席……

小心爱的声音干净透亮,引得班主大叔拍手叫好:"这丫头呀,就是一颗埋在沙子里的明珠!

一定要让她上台去试试，让大家看看我这识人的眼光！"

于是，戏班班主跟着小心爱来到她家，游说她的母亲让小心爱去唱戏。

那时候，小心爱的家里穷得都要揭不开锅了，几乎每天都喝小米熬的汤。那汤，清得跟镜子一样，都能照出人脸来。在小心爱的上头，还有五个哥哥，家里有这么多张嘴要吃喝，可粮食就那么一点儿，实在没法儿养活一大家子。让小心爱去学戏，这未免不是一条出路。尽管舍不得，小心爱的母亲还是同意让戏班班主带走她。

小心爱跟着班主大叔去了戏班……经过一段时间的练习，她终于可以上台了。

宽大的戏服套在小心爱的身上，越发显得她瘦弱，甚至有几分可怜。

"这还是个小丫头，上台行不行啊？"

大家对此深有疑虑。

班主大叔握着小心爱的手说："记住了，丫头，站在台上，不管遇到什么情况，都要沉住气！你平时是咋唱的，上台就咋唱，千万不要慌。"

小心爱的脸被抹上了浓浓的油彩，显得明媚动人。她心里想：我终于要站在戏台上了。

随着咚咚咚的鼓点响起，小心爱迈着细碎的步子来到前台。

"怎么是个小姑娘？"

"这孩子太小了！"

"戏班子怎么找了个小丫头来糊弄人？"

"戏服也不合身，真寒碜！"

台下的观众闹哄哄的，甚至有人吵嚷着要退票。

小心爱心里一慌，眼泪簌簌地往下落，急急忙忙退到后台，呜呜咽咽地哭起来。

"郭心爱，看着我！"班主大叔严厉地望着她，"你不是想唱戏吗？我是看重你才让你来试试，你要是烂泥扶不上墙，那这辈子可能都没机会站在戏台上！"

班主的话直戳小心爱的心窝，她擦干眼泪，快速补好妆，在一片嘈杂忙乱中重新登上戏台。

小心爱稳住心神，亮开嗓子唱了起来。她的声音还很稚嫩，但谁都听得出来，这丫头咬字清楚，唱腔圆润，嗓音就像黄鹂鸟一样动听。

戏台下面渐渐地安静下来。小心爱也沉入角色中，她在台上轻盈地挥舞着水袖，唱腔越来越稳，如行云流水一般。

台下的观众又开始窃窃私语。

"这小丫头唱得还真不赖！"

"你看她，演得一板一眼的，还真像那么回事！"

"刚才真是小瞧了她。"

对于大家的赞赏，小心爱毫无察觉，初次登台的紧张感此刻也消失了。她在戏台上轻移莲步，神采飞扬，这一刻，她就是戏中那位高贵的公主，散发着夺目的光彩。

戏毕，台下掌声雷动。

小心爱的眼泪再一次涌了出来，不过，这次可不是慌乱局促的眼泪。小心爱被强烈的幸福感包围着，她知道，自己的演出成功了，她还有机会站在戏台上！

美好的梦想就像一双翅膀，将她带向高远辽阔的蓝天。

背井离乡学唱戏

在那个兵荒马乱的年月,戏班没坚持多久就散了,郭心爱只好回到父母身边。她家里的窘境一点儿也没有得到改善,要地没地,要粮没粮,现在又多了一张吃饭的嘴,父母整日里愁眉不展。

这时,人贩子找上门来,对郭心爱的父母说:"你家丫头唱戏灵着呢,要不,跟我一起进城吧。太原的戏班子要是能看中她,让她熬几年,成个角儿,以后你们全家可能就吃喝不愁了。"

这回,郭心爱自己不愿意了。家里再穷也是自己的家啊,而且太原离平遥很远,进了戏班,想再看到父母就不容易了。

"妈,我不走,我要留在你身边,就算饿死,也要跟你们在一起。"

"心爱,别怨妈……"妈妈紧紧地抱着她,眼泪成串往下掉。可是,不把女儿送走,留她在身边,等于把她人生的路堵死了……

人贩子领着郭心爱和她的母亲来到太原,找到同心戏班。戏班班主冯老板见郭心爱长得俊俏,嗓子也好,痛快地收下了她。

冯老板拿出一份合约,让郭心爱的母亲在上面摁下手印。合约一签就是五年,这五年内,由戏班提供食宿,找师父教郭心爱唱戏。如果她学有所成,戏班会安排她演出,但演出所挣的钱都归戏班所有。

签完合约,冯老板给了郭心爱的母亲五个铜子儿(相当于现在的七八十块钱)。

合约虽然是签了五年,但在郭心爱母亲的心里,这相当于卖了自己的女儿。她小心翼翼地捧着这几个铜子儿,眼泪控制不住地往下落。

从此,郭心爱就留在冯老板的同心戏班中,她有了一个艺名,叫郭兰英。在戏班中,郭兰英

背井离乡学唱戏

还有一位师姐和一位师妹。

郭兰英入了戏班后,冯老板便安排了几位师父轮番教她基本功。

学唱戏,一要练嗓子,二要练武功。每天清晨四点,郭兰英和其他一起学戏的孩子都会被叫起来,空着肚子到野外练嗓子。先是大声喊"唔""啊"等单元音,体会发声的变化。大约二十分钟后,师父等他们的嗓子喊开了,再教他们高声练道白(戏曲中唱词以外的台词),要足足练够四个小时。

夏天练嗓子还好,冬天练就特别辛苦。

寒冬时节,野外的海子(太原的方言,相当于普通话中的水潭、水池、湖)上会结一层坚硬的冰,师父就要求他们对着冰面喊嗓子。嘴里呼出的热气微弱,风一吹就散了,但师父要求他们不把冰面喊出一个洞来不准回家。

练武功也极为辛苦。练武功需要先练腿功,腿功是各门功夫的根基,在戏曲界有"一腿扶千斤"之说。一年中几乎每一天,郭兰英都要练习倒立。只有将两腿紧紧地贴着墙壁倒立,腿形才能直溜、挺拔。晚上，师父还会让她将一条腿往上抬，枕在头下睡觉；睡到半夜，师父又会来叫醒她，让她换另一条腿枕在头下。据说，这样才能锻炼腿的柔韧度。

刚进戏班时，郭兰英根本睡不着觉，每晚她都躺在被窝里偷偷地抹眼泪，她想家，想父母，也想哥哥们。想着想着，哭得更凶了。哭着哭着，就迷迷糊糊地睡着了。

时间久了，郭兰英渐渐地适应了戏班的生活，身子骨也变得柔软、灵活起来。她心想，也许师父所说的"打戏，打戏，不打不成戏，打骂受罪几饥饱，苦水泡出真名角儿"就是这样的吧，唯有吃得下苦，熬得过苦，才可能出类拔萃。她暗下决心，一定要好好唱戏，等出人头地了，好替父母分担家里的重担。

不练功的时候，冯老板会指使郭兰英做一些打水、扫地、倒夜壶之类的杂活，但她迟迟不肯让郭兰英学习唱戏文。

脏活累活郭兰英倒不怕，也从不喊累，但不让她唱戏她就心急。有时候，郭兰英会偷偷唱一唱之前学过的曲子，但被冯老板听到，就会挨打受骂，冯老板不准她再唱这些野路子的东西。

郭兰英多么渴望上台呀，但她只能老老实实地按照冯老板说的做。

终于有一天，郭兰英有了靠近戏台的机会……

大师姐已经长成了一个亭亭玉立的大姑娘，她是戏班里的台柱子。冯老板唤来郭兰英，让她在戏班里帮忙打打杂，给大师姐端茶送水。

大师姐的行头比之前乡下戏班里的华丽很多，金丝银线勾勒出纷繁精致的图案，十分华美。郭兰英见了，怔怔地，挪不开自己的目光。她情不自禁地摸摸师姐的戏服，这是真正的缎子做成的，像水一般的柔滑。

"兰英，机灵点，记得随时给大师姐递茶水。"冯老板递过一只紫砂壶，吩咐道。

郭兰英捧着茶壶，茶壶热热的，她的心也暖乎乎的。

她终于又能看人唱戏了，而且还是同门大师姐的演出。大师姐在这太原城里很有名气呢！

这一次，大师姐扮的是小生，她头上插了两

根五六尺长的雉鸡翎,戏里要表演翎子功(翎子功也是戏曲的基本功之一)。

郭兰英手里捧着茶壶,两眼紧紧地盯着台上的大师姐。只见大师姐唱着唱着,头轻轻地一点,一仰,脑后柔软的雉鸡翎就跟着抖动起来。大师姐的身段优美,这一耍翎子,自有一股英武之气。郭兰英想,不知道自己什么时候才能学这功夫。

冯老板总说,郭兰英从前跟的是草台班子,上不得台面,现在到了她的戏班,得一招一式从头学起。郭兰英多么渴望自己能像大师姐那样,站在戏台上表演,赢得满堂喝彩。

郭兰英看得痴了,不知不觉向前挪动脚步。她想看得更清楚一些,恍恍惚惚间从幕帘后走了出来……

偏巧,台上的大师姐正在往后退,一不留神,撞倒了痴痴呆呆的郭兰英。

郭兰英跌在戏台上,手里的茶壶也飞了出去,茶水四溅,湿了大师姐的戏服……郭兰英这才醒过神来,她把大师姐的演出搞砸了。

郭兰英惊惶不安,在一片哄笑声中仓促退下戏台,她自然逃不过冯老板的一顿斥责和惩罚。好在大师姐经验丰富,她迅速调整好状态,把观众的视线重新拉回到戏台上,那天的演出总算顺利结束……郭兰英对大师姐又增添了好几分敬佩,她暗自下定决心,有一天要像大师姐一样唱功了得,处变不惊。

仗义放走小师妹

在同心戏班,郭兰英跟师妹最为亲近。两人年纪相差不大,又同住在一间屋子,经常说些悄悄话。师妹也是因为家里穷,被"卖"到了戏班。

郭兰英羡慕师妹可以成天跟着师父学艺,因为冯老板现在还不打算安排师父教郭兰英唱戏。但师妹却并不觉得能唱戏有多好,练唱功对她来说是一件非常吃力的事。师妹虽然扮相好,但常常记不住戏词,每当磕磕巴巴唱不下去时,师父拿眼一瞪,她心里就慌了,手心也沁出汗,脑子更是一片空白,把词彻底忘到了九霄云外。

每当冯老板来检查时,师妹就会更倒霉。她

一忘词就得挨打,身上总是青一块紫一块,旧伤还没好,又添新伤。

师妹挨打,郭兰英十分同情。夜里,师妹常常翻来覆去睡不着,她知道这全是因为师妹身上有伤,疼痛难忍的缘故。

有一次,郭兰英在厨房里帮忙,远远就听到师妹的哭声,一声比一声凄惨。郭兰英知道,师妹又挨打了,这次冯老板的火气似乎很大,下手格外重。

郭兰英心疼师妹,不能这么打下去!她心里想着,就风风火火地往戏房里闯。

"冯老板,您别再打她了,越打她越记不住词。您心里有气,没处发,就打我吧,我来替她挨打!"郭兰英挡在了师妹前面。

"好啊!那就打你,打你这个多管闲事的丫头!"

冯老板气不打一处来,举着鸡毛掸子就朝郭兰英身上抽了过来。

郭兰英不吭气,拼命咬牙忍着。

"哟,来了个硬骨头!我看你倔,看你倔!"

冯老板又狠狠地抽打了几下,还不解气,于是吩咐下人拿来搓衣板和油灯。

"打你,我还嫌累呢!"冯老板把鸡毛掸子一丢,气哼哼地说,"把裤腿卷起来,给我跪到上面。"

郭兰英一声不吭地跪下,下人将油灯点亮放在她头上。这是冯老板处罚人的狠法子——跪着,而且必须跪直了,头不能动,头一动,油灯就会掉下来摔碎。只要一摔碎,又得挨一顿狠揍。

郭兰英光着膝盖跪在搓衣板上,时间一长,膝盖的疼痛就像长了脚一样到处爬,但她的身子又不能动,只得咬牙坚持。直到灯油燃尽,郭兰英才被允许站起来。

夜里,师妹摸着郭兰英又红又肿的膝盖,眼泪汪汪地说:"都是因为我,害你受这个罪。"

"可我也不能眼睁睁地看着你挨打。"郭兰英仗义地说。

在这严苛的管教下,两个小姑娘相互关照,相互扶持,让漫漫长夜多了一丝温暖的光。

过了几天,师父张春林在戏房里教师妹唱新

戏《金水桥》。郭兰英很爱听,大中午洗衣服也不躲在阴凉处,她把大木盆拖到窗下,一边洗衣,一边支棱着耳朵听戏。

师妹又忘了戏词,郭兰英忍不住张嘴接上。张师父一听,招招手,把郭兰英唤进屋,让郭兰英唱给他听。郭兰英把他教过的戏词唱得一字不差,张师父打心眼儿里喜欢她,允许郭兰英干完杂活,就进戏房跟他学戏。

偏巧,冯老板听到郭兰英在唱戏,气冲冲地走进屋子,板着脸问张师父,为什么不教师妹,反倒要私下教授郭兰英,郭兰英离登台还早呢,眼下,用不着下功夫教她。

张师父脖子一梗:"我哪里是不教那孩子?你问问她,我教了她好几天,她还老丢词,人家兰英听都听会了!"

冯老板听完,生气地转过身,狠狠地扇了师妹几巴掌。

"死丫头,你这饭都白吃了!"

冯老板生气也是有原因的。郭兰英的师姐为她挣了不少银子,如今遇到了如意郎君,急着要脱离戏班。师妹长得眉清目秀，岁数也够上台了，谁知却这么不争气。

"今晚我从戏园子回来，要听你唱会这一段。若是唱不会，看我怎么收拾你！"冯老板撂下话，气冲冲地离开了。

师妹一下子慌了神。新戏文对她来说太难了，像怎么翻也翻不过去的高山，像怎么走也走不出去的森林，像怎么望也望不到尽头的原野，她觉得自己无论如何也无法完成冯老板交代的任务。她哭了好一阵儿，抬起头哀哀地对郭兰英说："我真的不想再唱下去了。"

"那怎么办？"郭兰英问。

"我想逃出去！今天就走！"师妹心一横，说出了一个大胆的想法。

"这……"郭兰英有点为难。师妹是被卖给冯老板的，她无法决定自己的去留，如果自己帮助师妹逃跑，一旦被冯老板发现，后果不堪设想。

"要是我不走，我非被她打死不可。"师妹的眼里泪光闪闪。

郭兰英受不了师妹这可怜巴巴的目光，她也

明白,师妹在这里过得异常艰难。

"好吧,我帮你。"郭兰英下定决心要帮师妹,不管冯老板会不会发现,会不会责难,她都愿意承担。

郭兰英陪师妹一起偷偷溜回屋,飞快地收拾了几样东西。

"师妹,你一路上要多加小心。"郭兰英心里满是不舍。

"谢谢你。"师妹哽咽着说,"希望以后我们还有缘能再见面。"

此时的戏班里,只有厨子刘师傅在忙进忙出。

机灵的郭兰英对师妹使了个眼色,轻声说:"快,我去引开刘师傅,你趁机从后门溜走。"

郭兰英说着,一边尖叫一边跑向厨房:"老鼠,有老鼠,刘师傅,快来帮我抓老鼠!"

"哪儿呢,哪儿有老鼠?"

"这里,老鼠在这里……"

师妹悄悄挟着包裹,轻手轻脚地跑向后院,迅速拨开门闩,逃了出去。她不知道等待自己的将是什么样的命运,一心想着只要能逃出去,苦日子就到头了,她更不知道,自己留给郭兰英的是什么样的麻烦与苦难。她满怀憧憬,奔向城外。

倔强是一种勇气

"兰英,你说,你师妹哪儿去了?"冯老板回到家后找不到师妹,立刻质问郭兰英。

"可能上茅房了吧。"郭兰英被冯老板这么一吼,心怦怦直跳,但她稳住心神面不改色地撒谎道。

在戏班里,谁也没见着师妹的人影,倒是大师姐发现师妹屋里的东西少了。

"那丫头跑了!"

郭兰英装作不知道,但冯老板哪会放过她。

"说,那个丫头跑哪儿去了?我就不信了,你俩平时恨不得穿一条裤子,她要跑,你会不知道?"冯老板不依不饶。

"我真的不知道。"郭兰英索性嘴硬到底。

"气死我了！"冯老板又抽出鸡毛掸子，重重地朝郭兰英抽了过来。

"啪啪啪！"掸子狠狠地落在郭兰英身上，打得她扑倒在地。

"算了算了，您别把她打坏了。"大师姐在一旁劝说，她了解冯老板的火暴性子。

"今天，让我打死这倔丫头！我看她现在翅膀硬了，敢翻天了！"冯老板说着，手底下又加了几分力气。她打人其实有分寸，打人不打头，怕把人打傻了；打人也不打脸，破了相以后谁还替她唱戏挣钱啊？她也是花了本钱的，等郭兰英长大登台唱戏所赚的钱都是她的。冯老板不会做赔本买卖，专往郭兰英身上打，这样既不打坏她，又能威慑住她。

可郭兰英倔得像一头驴，死活不服软。这么一来，冯老板被激怒了，她咬牙切齿，恨不得将郭兰英扒一层皮。

"别打了，别打了！"大师姐拦也拦不住。

冯老板狠狠地往郭兰英背上一抽，郭兰英噗

地喷出一口血来。

"您把她打坏了,就是跟自己的银子过不去!"大师姐知道冯老板是个视钱如命的人,急忙提醒道。

"心爱!心爱!"此时从门外传来了一个年轻人的声音。

郭兰英的二哥进城来看她了,没想到,刚巧撞见妹妹惨遭毒打。

"心爱啊,他们怎么能把你打成这样?"二哥搂着浑身是伤的妹妹,心疼极了。这还是他那个活泼可爱的妹妹吗?她在这里吃了多少苦,受了多少罪啊!

"哥!"倔强的郭兰英扑进二哥怀里,终于忍不住号啕大哭起来。这几年,郭兰英无论受了多少委屈,都会默默埋在心里,然而,在至亲面前,那些委屈顷刻间便如山洪决堤般喷涌出来。

哥哥已经长成了一个血气方刚的小伙子,看着妹妹被打成这样,他两眼喷火,大声质问冯老板:"你们怎么下得了这毒手?我妹妹是来学艺的,不是让你们来虐待的!这艺,我们不学了!"

"不学?说不学就能不学啦?"冯老板可不能在一个乡下小伙子面前露怯,她瞪着眼恶狠狠地说,"当初,你妈可是在我手里拿了钱的!"

"拿了钱也不等于卖给你,这么毒打我妹妹,我要去公堂上告你!我要看看这世道还有没有王法了!"哥哥抱着郭兰英,又气又恨。

"把这小子给我攥出去!乡下小子,也敢来我家撒野!"冯老板喝令手下把哥哥从遍体鳞伤的郭兰英身边拉开。

他们架着他,把他丢到了院门外。

"心爱,你等着我,我要去告他们,我要为你讨回公道!"郭兰英的哥哥说干就干,他问了路,直奔县衙。

冯老板没想到郭兰英的哥哥真的跑去告状,急忙找来表弟商量对策。

"那穷小子把我告到县衙了,你说说,我们该怎么应对?"冯老板有些紧张,想起来她自己也有几分理亏。都怪当时怒火中烧,下手没个轻重,真要对簿公堂,也不一定能说得过去。

"这好办呀。"表弟是个老江湖，诡计多端，他眼珠子一转，计上心来，"只许他告我们，不许我们告他呀？"

"我们告他什么？"

"就告他是八路军的探子，坐实了，可是个杀头的罪。"表弟冷笑道。

"这……能行吗？"冯老板毕竟是个女人，胆子没那么大。

"怎么不行？有钱能使鬼推磨，只要给那些当官的送钱，还能摆不平吗？"

"说得有道理。"

于是，冯老板暗暗到县衙里打点一通，反倒把郭兰英的哥哥抓起来，投进了监狱。回到家又对郭兰英威逼利诱："兰英啊，要是你还肯在我这里唱戏，我就放你哥哥一条生路。你要弄清楚，如果县衙判了你哥哥是八路军的探子，他的命就捡不回来啦。"

郭兰英咬着牙不说话，恨不得把冯老板给撕碎了。以前冯老板打她，骂她，她也不恨，总想着冯老板这是在调教她，不打不骂成不了材。如今，郭兰英才算看清楚冯老板的真面目。原来，富人为了达到自己的目的，可以睁着眼睛说瞎话，可以不顾一个穷人的生死，不择手段栽赃陷害。

"你想好了，你哥哥的命可在你手里呢。"

那是郭兰英从小依靠的亲哥哥呀，她怎么能眼睁睁地看着他的命断送在自己手里呢？郭兰英默默流着泪，吞下了这仇和恨。她重重地点了点头："我跟您学唱戏，我不回家。"

郭兰英终于见到了伤痕累累的哥哥，忍不住悲从心来，抱着哥哥放声大哭。

"郭兰英，我问你，你愿意继续留在戏班吗？"

"我愿意。"

"心爱，你怎么这么傻啊？"哥哥想要豁出一条命来救妹妹脱离苦海。

郭兰英用力抱紧哥哥。"哥，我要唱戏，我要唱成一个角儿，以后，你们就不用受苦了。"这话郭兰英说给了自己听。为了救哥哥的命，她忍痛吞下委屈和苦楚。

郭兰英继续留在戏班学戏。由于师姐要出嫁，师妹又逃跑了,这让冯老板急切地想把郭兰英训练出来,郭兰英成为她重点培养的对象。

郭兰英也拼了命地勤学苦练。以前她想唱戏,只是出于喜欢。如今她想唱戏,是为了全家脱离苦海。她要让家人过上好日子,再不受人欺凌!

"梅花香自苦寒来"

"宝剑锋从磨砺出,梅花香自苦寒来。"勤奋的郭兰英终于再次登上戏台,这一年,她十三岁。

十三岁的郭兰英身子还很单薄,但她眼波盈盈,声音甜美,一举手一投足,都有一种特别的韵味。

> 骂一声秦英你太无理,
> 不该去钓鱼!
> 打死老太师,
> 可怜他命归西!
> 你皇爷降下罪来要斩儿的首级,
> 小奴才你闯大祸你叫娘我该怎的?

这一天，郭兰英唱的是《金水桥》。她极有表演天赋，唱腔流转，一声声唱得饱含深情，哀怨动人，台下的观众全都听得入了神。

第一场戏唱完，郭兰英一炮而红，从此当上了同心戏班里的头牌。

郭兰英虽有了名气，但苦还得继续吃。她每天唱完戏，回去后还要继续学新戏。师父的戏文都装在肚子里，师父唱一句，郭兰英学一句。她常常学戏到深夜，第二天天不亮又得起床去练功。

郭兰英的刻苦让她的戏路越来越宽，小小年纪，不光能唱青衣，也能唱花旦、刀马旦。唱念做打，样样俱精。

喜欢听郭兰英唱戏的人越来越多，一些有头有脸的人物也知道了太原的戏班里，有个叫郭兰英的小丫头唱戏唱得特别棒。警察局的一个署长，更是经常来捧她的场。

冯老板看出警察局署长不怀好意，可她又担心如果得罪了他，戏班就无法在太原立足。左思右想，冯老板决定带戏班逃跑，去北边的张家口。张家口同德戏班的赵步桥经理曾来听过郭兰英唱戏，赞不绝口，他离开时留下一张名片，说如果冯老板有合作的意向，可以去张家口找他。

冯老板把自己的决定告诉了郭兰英。郭兰英又喜又愁。喜的是，冯老板肯为她担风险，携她远逃；愁的是，张家口离自己的家乡平遥很远，倘若离开，以后与父母见面的机会就更少了。

"走前能不能让我回家看看我爸妈？"郭兰英太想回家了，她在这个戏班里已经待了三年多，还从未回过一次家，也不知道父母怎么样了，家里的哥哥们怎么样了。

"你疯了吗？你以为回到平遥乡下就安全了？告诉你，那个署长照样有能耐把你抓回来！现在我们只有一条路，逃得远远的，逃出他的势力范围，就算他知道了，也是鞭长莫及。"冯老板说道。

郭兰英也清楚，自己要是留在山西，就是一只待宰的羔羊。可是，她心里牵挂着父母，牵挂着那个贫穷的家。

"是去是留，你自个儿决定吧！"冯老板丢下一句话。

"我跟您走,去张家口。"郭兰英含着泪,匆匆收拾行装。

在登上远行的火车前,悲伤的郭兰英朝着家乡平遥的方向拜了又拜:"爸,妈,女儿要远走他乡了,咱们有缘再见。"郭兰英心知,如今时局动荡,战火连连,恐怕从此一别就无缘相见了。

郭兰英跟着戏班走一路,唱一路,辗转来到了张家口。那时,张家口是晋商云集之地,喜欢听山西梆子的人特别多。不过,唱的人也照样不少。

郭兰英年纪轻,又是初来乍到,能不能在张家口扎下根来,还很难说。

赵步桥经理安慰他们说,不怕,他来想办法。

在郭兰英登台唱戏之前,赵经理就送了票给朋友,请他们务必来捧场。又在城里发传单,说同德戏班新来了个角儿,前几场优惠大酬宾。

郭兰英有些惶恐,生怕自己演不好,辜负了赵经理的苦心。

赵经理让郭兰英放心,说他在太原听过她的

戏，唱得非常好，他相信郭兰英会一炮走红，不然也不会盛情邀请。

正如赵经理所料，聪慧的郭兰英只演了一场，她的名字便在城里传扬开了。大家都知道同德戏班新来了一个名叫郭兰英的小丫头，才十四五岁，不但唱得好，扮相也好，一招一式都十分老到。渐渐地，郭兰英的名声越传越远，大家都争相来听她唱戏。

郭兰英有了名气，但仍不忘虚心学习，刻苦练功。一转眼又是两年，她的唱功越发炉火纯青了，一开唱，就有人从十里八里外跑来听戏。

近处，戏台下是人；远处，树杈上也是人。买不到票的，就远远地听一听。郭兰英的声音高亢，咬字清楚，隔很远也能听得到。

大家都夸郭兰英唱得好，称她为"晋剧里的梅兰芳"。梅兰芳当时已是大名鼎鼎的京剧大师，年纪轻轻的郭兰英能得到如此盛赞，证明她的戏深受观众的喜爱。

那时，在张家口流传着这样的话："宁卖二斗红高粱，也要听郭兰英唱一唱""误了相亲坐席，

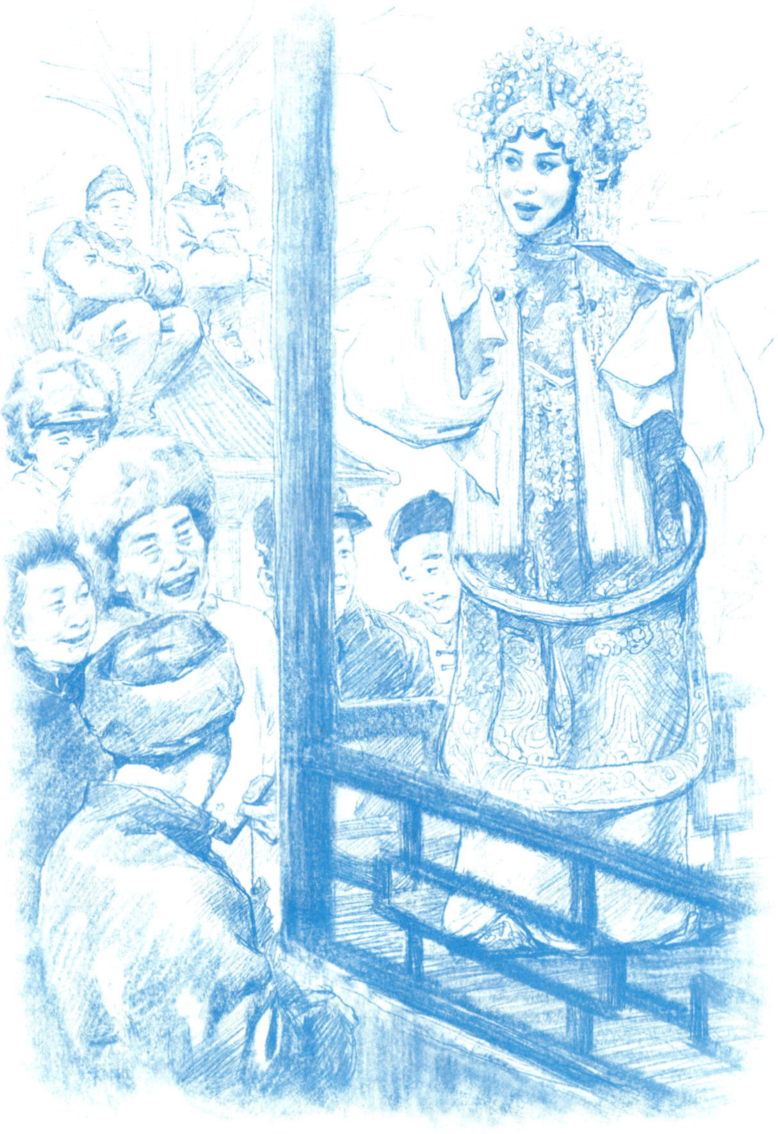

不能误了看郭兰英的戏"。

郭兰英的形象已经深入人心。大家都把听她的戏,当作苦难生活中的安慰剂。

郭兰英成了名角儿。按照当年的合约,她唱满五年就可以离开戏班。但眼见着离合约期满越来越近,郭兰英心里却变得空落落的。

夜深人静的时候,郭兰英依然会想家。当初,她只想唱出个名堂来,好让父母过上好日子。如今,张家口与家乡平遥远隔上百公里,想知道家里的消息也不容易。

在那个烽烟四起、动荡不安的年月,郭兰英迷茫了,她不知道自己在为谁唱。也许,只能唱一天算一天。

久别重逢

一九四五年八月,张家口市迎来了解放!

八路军进了城,城里成天张灯结彩,锣鼓喧天,老百姓个个喜气洋洋,都说八路军是穷人的亲人,和穷人心连着心。

八路军进城,却着实让冯老板慌了一阵儿。她听说八路军都是"泥腿子"出身,专门站在穷人一边,对付富人。冯老板想:这世道,哪有让穷人当家做主的,那还不乱套?要不要离开张家口呢?冯老板前思后想,自己不偷也不抢,靠唱戏过活,就算八路军闹革命,也不能拿自己怎么样。于是,她定下神来,照旧让郭兰英唱戏。

因为时局还没有稳定下来,老百姓也少有心思花钱听戏了,同德戏班的生意一落千丈。郭兰英总算有了一些闲暇,但冯老板嘱咐她,唱功不能丢。

这一天,郭兰英在院子里练功,突然,从门外走进来一个穿着军装的八路军:"郭兰英是住这里吗?"

"我就是,您是?"郭兰英有点慌,她不知道眼前的八路军为何要找自己。

"你就是郭兰英?我,我是你二哥呀!"

时隔几年,二哥的个头儿又蹿了一大截,身材也变得魁梧了,郭兰英甚至都认不出他来。

"二哥,真的是你?"郭兰英不敢相信,泪珠不由自主地滚了出来,"你,你是怎么找到我的?"

"在张家口提起郭兰英哪个不知?我打听打听,就找上门来了。"二哥红着眼,笑了起来,"我的妹妹也长成大姑娘了!"

"你真的去当八路军了?"郭兰英紧紧拉着二哥的手,她有一肚子的话要问。

"当年,我离开太原后就加入了革命的队伍。"二哥说,"咱们不能像待宰的羔羊一样,默默忍受富人的压榨和剥削,只要天下的穷人团结在一起,靠自己的双手吃饭,我们就会有过上好日子的一天。"

"真好,真好——"郭兰英想起自己多年来吃的苦头,心里无限感慨,又惦记起家里的父母,于是问二哥,"二哥,爸妈现在可好?"

二哥伤感地摇了摇头:"那年,我在回家的路上遇到革命的队伍,就一心跟了八路军,要为咱们穷人打天下。我没有回平遥,也不知道爸妈过得怎么样。"

郭兰英又难过起来。战争让多少人颠沛流离,家破人亡啊!也不知父母是否安好。

"心爱啊,别急,等全国人民都解放了,咱就回家,咱爸妈一定在等着咱们呢!"

"我想现在就跟你一起回去!"

"现在还不行,还有很多地方没解放。我们的队伍马上就要出发了,要去解救更多的穷人。"

"二哥,你这又要走?"郭兰英十分不舍,她刚刚见到哥哥,话还没有说够呢。

"军令如山,不能耽搁。心爱,见到你,哥

就放心了。你听哥一句话,我走了之后,还有许多革命同志会留下来管理这座城市,你也要多跟这些同志接触,争取加入革命的队伍。只有八路军,才是我们自己人哪!"

二哥走后,他的话常常在郭兰英耳边响起。

革命的队伍,郭兰英不太了解,可大家都说,八路军是人民的军队,他们不拿群众的一针一线,他们跟群众有着鱼水一样的深情。

革命、人民、同志、解放……这些词对郭兰英来说,既新奇又亲切。郭兰英自此留了心。

她听到,街上卖烧饼的、拉黄包车的、补锅补碗的,都在热烈地讨论着解放,郭兰英看到他们的眼睛里都闪着光。她还看到,革命队伍的同志们待人和和气气,真的跟从前的日本兵、国民党军队不一样。

没有想到的是,在二哥离开后不久,又有八路军找上门来:"请问,郭兰英在吗?"

郭兰英慌忙迎上去:"同志,找我有什么事?"

"郭兰英同志,看看我把谁给你送来了?"

八路军的身旁,有一位头发蓬乱、面容憔悴

的老太太，岁月在她的脸上刻下了苦难的印迹。郭兰英左瞧右瞧，怎么也认不出来。

"心爱，我是你妈。"老太太唤了郭兰英的原名。

"妈？妈——"郭兰英痛哭出来，她扑过去，紧紧地搂住了自己的母亲，"妈，您怎么变成这个样子了？"

在记忆中，妈妈的头发乌黑乌黑的，家里虽然穷，妈妈却总是梳着光洁的发髻。可眼前的老妇人，头上像落了一层霜，苍老得让人认不出来，妈妈这是吃了多少苦啊！

"我听人说，你在张家口，我就沿路乞讨过来了。"妈妈抱着郭兰英，一个劲儿地掉眼泪，"好在，我终于见到你了！"

"妈，快进屋，咱们好好说会儿话。"郭兰英抹去眼泪，搀扶着母亲走进屋，"当年我从太原逃出来，连封信都没法儿给家里捎去。那时候都在打仗，乱得很。"

冯老板听说郭兰英的母亲来了，很不乐意，心想又多了一张吃饭的嘴。但她也不敢面露不悦，因为老太太是八路军送来的。如今，这儿是穷人的天下，冯老板得罪不起。再说，郭兰英这棵摇钱树这两年来确确实实为她赚了个盆满钵满。

郭兰英没有注意到冯老板的冷淡，她只顾沉浸在与母亲重逢的喜悦中。

"妈，前一阵儿，二哥也来过，他现在当上了八路军，可精神了！"

"妈，您就跟我住一间屋，咱娘儿俩以后再也不分开。"

"妈，您跟我说说，这些年家里都是怎么过的。"

郭兰英跑进跑出，不停张罗。她好像又回到小时候，那时她还扎着小辫，在妈妈跟前一边比画一边唱个不停。

幸福来得太突然，郭兰英竟然觉得有些不真实，但母亲就在她身边啊！如果没有解放，就没有眼前的幸福，八路军果然是穷人们的贴心人。郭兰英怔怔地想。

这时，蓝天高远，阳光洒在院子里，又暖又亮。

遇见《白毛女》

张家口的冬天十分寒冷，张嘴哈一口气，就会变成一团浓浓的白雾。虽然老百姓的生活逐渐安稳下来，但戏班的生意像这冬天一样，冷冷清清。

郭兰英听说，城里来了一个八路军的文工团，每日上演一部叫《白毛女》的歌剧，几乎场场爆满，比她当红的那会儿还要火爆。

《白毛女》是一部根据晋察冀边区的民间传说改编而成的歌剧，由延安鲁迅艺术学院集体创作。讲的是地主黄世仁设下圈套，逼迫佃户杨白劳用他的女儿喜儿来抵债。除夕夜，杨白劳被逼致死，喜儿也被抢进黄家。不久，喜儿不堪凌辱，逃入深山丛林，她靠着捡拾野果、野菜，偷庙里的供品得以活命，非人的生活使喜儿的头发慢慢变白，村里有人无意中看见她，以为她是"鬼"，叫她"白毛女"。直到八路军在山林里找到她并将她搭救出来，才发现她虽然满头白发，但年纪很轻，只是因为长年累月缺少阳光和盐，才变成这副令人害怕的模样。

郭兰英听说后，心里有些不服气。这到底是一场什么样的戏，能抢了自己的风头？真有人们说的那么好吗？郭兰英心里充满了好奇。

这一天，她终于找了个机会，偷偷跑去文工团看戏。演出厅里果然是人头攒动，当音乐一响起来，大家立刻安静下来，入迷地看着台上的表演。

人家的闺女有花戴，你爹我钱少不能买，扯上了二尺红头绳，我给我喜儿扎起来，哎咳哎咳，扎起来……

郭兰英看得眼角都湿润了。她想起自己悲惨

的童年，幼时也是因为家里穷，爸妈不得不忍痛将自己送到戏班。谁不想让自己的孩子衣食无忧呢？可世上偏偏有黄世仁这样的地主，他们是剥削阶级。郭兰英现在明白了什么叫作"剥削"，明白了富人仗着手里有钱，对穷人进行压榨，恨不得从穷人的骨头里榨出油来。冯老板对自己就是这样的，她这几年唱戏所赚的钱，全被冯老板收入囊中，而她从来没有拿过一分报酬。

郭兰英一边看，一边止不住地流眼泪。

台上，杨白劳去世了，喜儿跪在爹爹身前，抚尸痛哭。哭得声泪俱下，感人至深。喜儿的悲惨遭遇让郭兰英想到自己，她的心被揪得紧紧的，跟着台上人的哭声一起碎了。

台上的演员在哭，台下的郭兰英也啜泣不止。《白毛女》深深地打动了郭兰英，她越想越激动：这才是真正的好剧！比起自己唱过的那些戏，这样的演出才是真正走进了人的心坎。

旧社会把人变成了鬼，新社会把鬼变成了人。只有在新社会里，穷人才能挺直腰板，才能过上幸福的生活。那一天，郭兰英从文工团回到戏班后，眼睛又红又肿，她还得匆匆地化妆，继续上台唱戏。台上的郭兰英依旧惦记着《白毛女》，她唱得有点心神不定。

郭兰英关注着《白毛女》，而文工团的同志们也正悄悄地关注着郭兰英！

郭兰英戏唱得好，戏路子宽，演什么像什么，非常有表演天赋。而且，她自己是个在苦海里泡大的孩子，身上没有一点儿骄纵气，是个不可多得的人才。文工团的同志想把郭兰英争取过来，让她成为革命队伍中的一员，为人民演出。不过，郭兰英现在是个名角儿，让她放弃唱戏，来跟大家一起过吃糠咽菜的生活，担心她不愿意，于是，文工团派人来做郭兰英的工作。

"郭兰英同志，我今天来找你，是想跟你商量一件事。"

没想到文工团的同志称自己为同志，郭兰英满心欢喜。

"我们看过你唱戏，非常好！不知道你愿不愿意加入我们文工团，演一演新歌剧呢？"

"让我去文工团演戏？"郭兰英非常吃惊，她没有想到文工团竟然会看中自己。如果能演白毛女,她心里一百二十个愿意。可是……郭兰英也有自己的顾虑。

"我当然是求之不得。"郭兰英吞吞吐吐地说,"可是,可是,我行吗?我不识字,也能加入文工团?只怕会被人笑话吧。"

在郭兰英心里,文工团是有文化的人聚集的地方。她长这么大,根本没有接受过文化教育,她唱的戏文,全是师父一句一句地传授,到现在为止,她只认得自己的名字。

"怎么不行?"文工团的同志笑着开导她,"革命队伍里欢迎一切忠于党和人民的人。不识字不要紧,你还年轻,可以学习。现在不识字,不等于一辈子不识字;现在没文化,不等于一辈子没文化。只要你肯学,我们就会有人教,我们的文工团,就需要你这样的人。"

一席话说得郭兰英心里热乎乎的。

"噢,还有一件事,我从小就被卖给冯老板学唱戏,她不松口,我也不能说走就走。"郭兰英仍有些疑虑。

"郭兰英同志,现在我们已经解放了,穷苦人民当家做主了!每一个人都是独立的,自主的,不再附属于任何人,我们不用再为别人当牛做马了!"文工团的同志恳切地说。

"这是真的?"郭兰英的眼里闪着泪花。

她想起从前在戏班里吃的苦,那真是如同牲口一般的日子。现在,解放了?自由了?我可以有自己的选择?!当年二哥为了解救自己,还无端端地吃了一场官司……郭兰英心里百感交集,简直不敢相信这一切都是真的。

"当然是真的,解放了,人民群众当家做主了。"

"真是太好了!"郭兰英使劲地擦了擦眼角的泪,"如果文工团需要我,我愿意加入!"

加入革命的队伍

一九四六年六月,蒋介石公然违背"双十协定",撕毁政协决议,全力进攻解放区。十月,国民党军队向华北解放区重镇张家口发起进攻。

中国共产党紧急决定战略转移,撤出张家口。

郭兰英也打算跟着共产党走,但冯老板竭力挽留她:"兰英啊,留在张家口,咱们还能一直唱戏。只要你肯唱,咱们就是合作关系,挣来的钱五五分成,保你这辈子吃香的喝辣的,衣食无忧。"

冯老板说得没错。虽然她以前并没给过郭兰英一分钱,但自从郭兰英赚了大钱,她出手也大方了许多,不仅给她添置了一些昂贵的行头,还给她镶了两颗金牙，这可是作为名伶的身份象征。郭兰英也知道文工团的生活极为清苦，有好几次她去文工团，看见工作人员都在喝玉米粥，啃干馍馍。但郭兰英不怕吃苦，共产党的到来让她看到了希望，她坚信只有共产党的队伍才是人民的队伍。她愿意投身革命。

"兰英啊，你得想清楚，共产党的军队用的都是旧枪烂炮土地雷，这样的装备怎么能跟国民党的军队斗，怎么能夺取天下？我看哪，你跟着他们，说不定哪天在路上就丢了命喽！你看你，好不容易跟家人团聚，还去参加什么革命？服侍亲妈过上好日子才是儿女该尽的孝道。"戏班的赵经理也在一旁帮腔。

郭兰英有点为难了。

赵经理说得有道理，虽然自己不怕吃苦，不怕受罪，可是母亲呢？她已经过了大半辈子的苦日子，现在好不容易过上几天有鱼有肉的生活，难道又要带着她老人家四处奔波？郭兰英实在不忍心拖累母亲。

郭兰英回屋跟母亲商量："妈，我想参加革

命……可是如果跟着共产党的队伍走了,您又得跟着女儿奔波了。"

"心爱啊,妈跟你在一起,每天能看见你,和你说说话,就是过上好日子了。你想走,就跟着共产党走吧。我虽然年纪大了,心里可不糊涂,你二哥不是也参加革命了吗?去为咱穷人打天下,这是好事啊!孩子,你不要有什么顾虑,你到哪儿,我就跟你到哪儿。妈这一辈子吃苦吃惯了,不怕吃苦!"

母亲的话坚定了郭兰英参加革命的决心。

"妈,那我们收拾好东西,跟共产党走吧。同志们都说,等咱们解放了,从前吃过的苦都会变成今后的甜。"

郭兰英毅然带着母亲找到文工团,说:"我想参加革命,我想跟党走!"

从此,郭兰英加入了革命的队伍,成了文工团的一员。过去,她是为了出人头地,为了让家人过上好日子而唱;现在,她要为共产党、为人民唱。

郭兰英跟随部队撤离张家口,一路上,她积

极学习新知识。文工团里的同志也非常照顾她，知道郭兰英没文化，还安排了四位老师教她学认字，学简谱，学政治，学新歌剧，帮助她成长。

郭兰英学新歌剧很轻松，学认字就不那么容易了。她底子差，这么多年来，只认得自己的名字。但郭兰英不气馁，她下定了决心向大家看齐，要从一个旧式的艺人转变成为人民服务的新文艺工作者。她给自己定了一个目标，每天必须认识十个字。虽然这是个笨办法，但她相信日积月累，认的字会越来越多。

郭兰英全心全意地学习文化，像着了魔似的认字。她每天写写画画，看到山就默写山字，看到水又默写水字。她要求自己，只有记完十个字才能睡觉。正是因为拥有这种认真钻研、吃苦耐劳的精神，郭兰英很快就有了非常大的进步。

郭兰英不仅认真学习文化，平日里还积极参加文工团的活动。她主动整理服装道具，打打小锣等；农忙时，她还跟同志们一起去帮乡亲们下地干活。旧戏曲她决定不唱了，她要跟过去划清界限。

加入革命的队伍

有一天,郭兰英从前一个姓高的朋友来文工团找她。当看见郭兰英穿着朴素的军装,他心里泛起一股酸楚,立刻表明来意,游说她去北京唱戏。

"兰英啊,你看看你现在成什么样子了?从前的绫罗绸缎你不穿,偏偏要穿这么难看的衣服,真是埋没了你的好身材!不如跟我回北京吧,回北京唱戏,保证你有大把的钱赚!在北京,你的名头也是响当当的,大家提起郭兰英,还会竖起大拇指呢!"

郭兰英神色一凛,严肃地说:"当初我离开就没有想过走回头路,我是不会跟你走的。虽然现在吃穿不比从前,但我过得特别充实。我好不容易参加了革命,成了革命队伍里的一分子,我很光荣!"

"光荣有啥用,能当饭吃?兰英,听我一句劝,为了光荣吃苦受罪,何苦呢?"

"我不觉得自己在吃苦。"郭兰英说,"为人民唱歌,我心里是甜的。"

"你怎么就这么傻,这么倔呢?"朋友觉得郭兰英像头倔驴，不撞南墙不回头。

郭兰英微微一笑，说："高先生，如果您这次来只是为了找我回去唱戏，您还是死了心吧。在这里，同志们、乡亲们待我都很好，我过得非常幸福。以前，我觉得唱戏能挣钱，能脱离苦日子。现在我才明白，能为人民唱歌，被人民需要，被人民喜爱，才是真正的幸福。"

看郭兰英如此坚决，高先生只好悻悻离开。

看着老朋友离去的背影，郭兰英有些感伤，但她一点儿也不后悔自己的选择，如今文工团才是她的家。在这里，她遇到了沙可夫、艾青、周巍峙、乔羽、王昆等同志，他们像对待妹妹一样，关心她，帮助她，给予她精神上的滋养。

和过去告别

郭兰英一到文工团,就立刻向团长提出请求:"团长,请让我唱《白毛女》吧,我觉得自己就是那个苦命的喜儿。"

团长和其他同志商量了一下,他们一致认为郭兰英还需要学习,毕竟从旧戏曲到新歌剧的转变需要一定的时间。同时,团领导也看出郭兰英有极强的表演欲望,所以他们安排她一边学习,一边演一些小的歌剧。

郭兰英不曾想到,从前唱戏打下的功底竟然成了她前进的障碍。多年的唱戏生涯,让郭兰英举手投足间都带着戏曲动作的影子,因此在学习新歌剧表演时,总显得格格不入。

一天，郭兰英在台上演《兄妹开荒》时，不由自主地翘起了兰花指。兰花指是戏曲表演中的一种手势，极品兰花指要达到钩、柔、白、瘦，即钩似弯月，柔若无骨，白如莹玉，瘦胜雀腿，配合上眼神，能带给人曼妙多姿的感受。郭兰英娇滴滴的兰花指显然不符合剧中的劳动场景，台下的观众纷纷议论起来。

"这个郭兰英啊，还是唱旧社会的戏唱惯了。从前扮演的不是公主就是小姐，她这扮相，演的哪像穷苦老百姓？"

"是啊，是啊，她还没有真正入戏。"

突然，有观众大声说道："看啊，郭兰英嘴里还有两颗大金牙，她演的哪是我们穷人，这就是地主婆啊！"

大家一听，个个笑得前仰后合，演出厅里闹哄哄的一片。

郭兰英心里难过极了，这戏她没办法演下去了。她在大家的嘲笑声中，掩面跑向了后台。

郭兰英嘴里确实镶了两颗金牙，那是冯老板坚持为她镶的。当初郭兰英并不情愿，但在旧社会，只要是个名角儿，都流行镶上两颗金牙，以显示身份。冯老板深知只有包装好她，才能让她为自己赚更多钱。

郭兰英觉得委屈，在旧戏班时，她从没有拿过一分钱，自己明明是一个受人剥削的穷戏子，怎么到了革命的队伍里，倒被人说成是地主婆了呢？

冷静下来后，她决定立刻去拔掉金牙，与过去彻底说再见。在这之前，郭兰英心里只有学习和演出，根本就没有意识到两颗明晃晃的金牙会拉开她与人民群众之间的距离，让她和老百姓显得生分。

郭兰英跑了十几里地来到镇上，找到一家牙科诊所。

"大夫，请帮我把这两颗金牙给拔掉！"一进门，她就急匆匆地对大夫说。

"让我看看……"大夫示意郭兰英坐在椅子上，张大嘴巴。

"这两颗金牙镶得挺好呀，干吗要拔掉？"大夫一边给郭兰英检查一边说。

"反正,我得拔掉它!"郭兰英急切地说,"请动手吧。"

郭兰英坚决要求,大夫也只能听从她的意见,为她取下了两颗金牙。

郭兰英对着镜子,左看,右看,满意极了。现在,她跟大家是一样的了,没有距离,没有隔阂,她是一位真正的革命者。

郭兰英付了费用,开心地拔腿就走。

"喂,你的金牙……"大夫提醒她。

"不要了,送给您了!"郭兰英欢喜地喊道。

拔掉金牙,只是一个开始。郭兰英心里很清楚,要学好新歌剧,她还得摒弃过去的一些做派,下一番狠功夫才行。

在山西梆子里,念戏文有固定的腔调,所有的动作也都有一定的程式,比如开门、关门、哭、笑、走路、上马等,在每出戏中都会用相同的动作来表现。而新歌剧则完全不同,新歌剧中的道白是根据人物的不同年龄、职业、文化、性格等,用现代的生活化的语言来表达的,所有的动作也没有固定的程式,更加自由。所以,唯有彻底放下旧戏曲的条条框框，才能更自然地表演新歌剧。

令郭兰英苦恼的还有一点，就是她不会说字正腔圆的普通话。郭兰英从小跟着戏班子跑，语音里夹杂着多种地方的口音，她一开口，既有平遥话，又有汾阳话，也有太原话，还有张家口话。而且，她前后鼻音不分，以至于在练习《白毛女》时，把"喜儿开门"说成了"喜儿开蒙"，大家一见她就打趣地喊："喜儿开蒙！"

幸好郭兰英有很好的语言天赋，也肯吃苦。平日里，她时刻提醒自己注意口音，慢慢地，就一个字一个字地纠正过来了。

但是，对于新歌剧中人物情感的表现，郭兰英一直找不到感觉。在旧戏曲中，人物的喜怒哀乐有许多是靠固定的动作来呈现的，比如通过抖翎子就可以表现人物的喜悦、得意、气急、惊恐、沉思等多种情绪，但这也使戏台与现实生活产生了距离。

郭兰英排练的时候，导演总说她是在假哭，没有饱满的、悲恸的情感。郭兰英很失落，也有些焦急,还有一种怎么也使不上劲儿的沮丧。

一天,郭兰英在河边洗衣裳,文工团的一位伙伴慌里慌张地跑来找她,说她妈妈被马车撞了。郭兰英丢下衣服就跟着他往回跑。

在院子的空地上,郭兰英看到一具蒙着白布的尸体。

"妈——"郭兰英急火攻心,她扑上前就号啕大哭起来。

"郭兰英,这次就对了,一定要记住,在演戏时,要带着这样的情感!"站在一旁的导演突然说道。

郭兰英抬起头,茫然地望着他,恍然大悟——原来这是导演特意安排的一场戏。她揭开白布,果然蒙着的不是自己的母亲,而是文工团里的另一位演员。导演这么做,就是为了让她体会新歌剧中的情感应该如何表达。

郭兰英转悲为喜,一是因为母亲安然无恙,二是因为她终于从旧式拘谨的表达中跳脱出来,感受到应该如何去表达情感。

梦想成真

北风呼啸着穿过大街小巷，树枝上的雪簌簌地往下掉。地上已经铺了厚厚一层雪，行人们来来往往，深一脚浅一脚地留下了许多印迹。这是一九四七年的冬天，四面八方的脚印都汇聚到一个地方——石家庄大剧院，华北联大文工一团要在这里演出《白毛女》了，而这一次的主演正是郭兰英。

因为《白毛女》这部歌剧，郭兰英萌生了参加革命的念头，她坚定地要成为一位革命者。一直以来，出演喜儿这个角色就是她最大的愿望。

为了这场演出，为了演好喜儿这个角色，郭兰英付出了许多心血，且不说基本的练台词，练动作，练情感表达，她还在导演的支持下，试着把晋剧的唱功、做功融入其中。这么一来，郭兰英的表演就与之前的演出都不一样。郭兰英想，只有别出心裁，形成独特的风格，才能让《白毛女》这部歌剧更完美。

终于可以演心心念念的《白毛女》了，可郭兰英临上场前却慌了神——千万别把《白毛女》给演砸了。哎呀，还有许多地方不够好……郭兰英甚至想逃走，想让领导临场换人。

"心爱！"一个陌生又熟悉的声音在叫她的名字。郭兰英回头一看，又惊又喜，竟然是二哥。

"二哥，你怎么来了？"

"我来看你唱《白毛女》呀！心爱，我早就跟你说过，要演就演这样的戏！"二哥满脸骄傲。

"可是，二哥，我怕自己唱不好。"

"必须唱好！我把我们班的战士们都带来了，我说，今天是我妹演出呢，大伙儿都得来替她鼓劲啊！"

郭兰英心里一暖。从小，二哥就疼她，有二哥在，身后就像有一座坚实的大山。

"嗯,我一定好好演,不给哥丢脸!"郭兰英深深吸了一口气,坐下来,开始上妆……

> 北风那个吹,雪花那个飘,雪花那个飘飘,年来到!爹出门去躲账,整七那个天,三十那个晚上还没回还,大婶给了玉茭子面,我等我的爹爹回家过年……

郭兰英一亮相,就把喜儿演活了,她就是那个在盼着爹爹回家的少女啊!有期待,有担忧,懂事得让人心酸。

郭兰英的嗓子还是一如既往的清亮高亢,非常有穿透力,台下的观众们听得如痴如醉。

演到爹爹被黄世仁逼死的场景时,喜儿悲痛万分,伏在爹爹身上,眼泪止不住地往下掉。

> 猛听说把我卖给了人,
> 好比烈火烧在身。
> 莫非爹爹你不疼儿,
> 莫非嫌儿不孝顺。

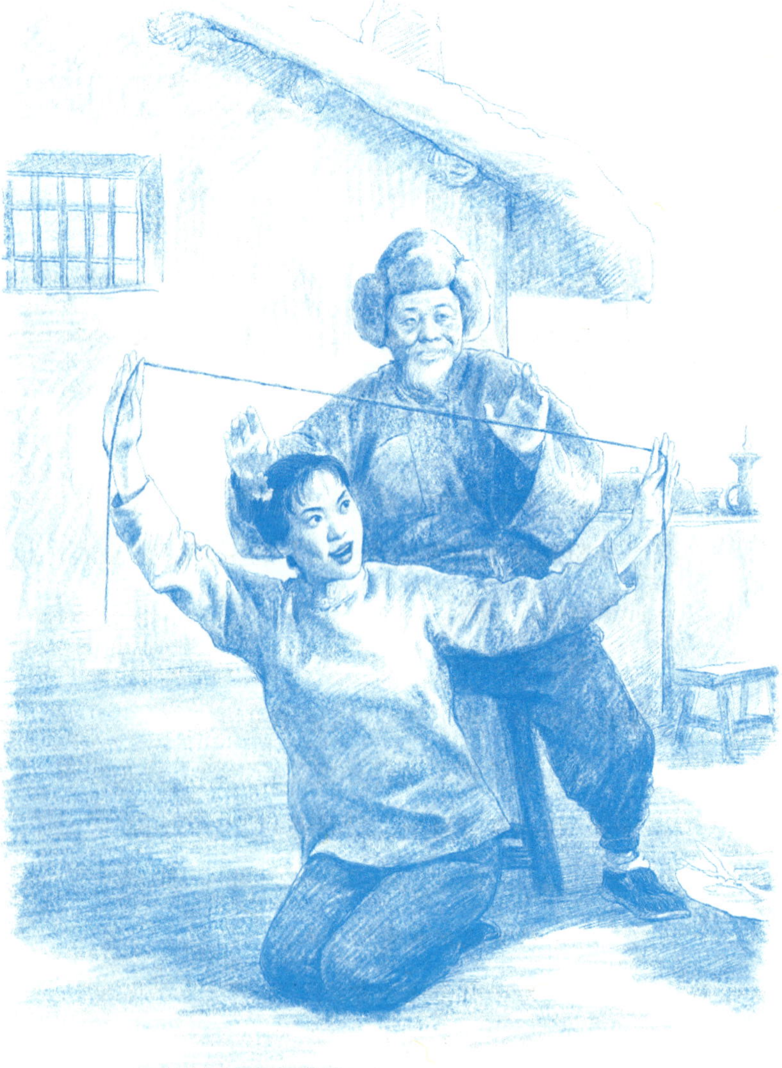

爹——

　　爹呀——

此刻,郭兰英就是喜儿,喜儿就是郭兰英。郭兰英想起小时候因为家贫被卖到戏班的情景,正是因为有黄世仁这样的剥削者,老百姓才过着暗无天日的生活。郭兰英也想起当年因为给师妹帮腔,被冯老板惩罚,一边跪搓衣板,一边头顶着油灯的经历。那些有钱人真不把穷人当人看,在他们的眼里,穷人就是牛马,就该过牲口一样的生活。

郭兰英声泪俱下,泣不成声,哭得一塌糊涂,无法再唱下去。导演舒强急得在侧幕边上一个劲儿地喊:"兰英,这是在演戏,是演戏啊!"

台下的观众被郭兰英的表演深深地感染了,他们站起来,振臂高呼:"打倒帝国主义!打倒土豪劣绅!打倒恶霸地主黄世仁!为喜儿报仇!"

在观众的呼喊声中,郭兰英慢慢拉回思绪。观众们慷慨激昂,让她也热血沸腾。

这是一出得到老百姓认同的戏!郭兰英的首

场演出很成功，但最令她激动的是，她这是头一回不想着为自己表演，不想着让亲人过上好日子表演，而是为人民群众表演。人民、人民，光是这两个字就让她热血沸腾！郭兰英觉得，这一唱，唱出了广大穷苦人民的心声，也让自己真正地融入了人民之中。他们再无隔阂，他们心连着心，他们会一同为了革命事业献出自己的光和热。

"妹妹啊，你演得太好了！"郭兰英一进后台，二哥就冲上前来，紧紧地握住了她的手，"没给咱家丢脸，我的战友们都说，演到他们心坎儿里去了！"

"祝贺你，郭兰英同志！"文工团的同志们也纷纷围过来，向郭兰英表示祝贺。

"孩子，好啊，好啊！从今往后，要好好努力，把喜儿这个角色再好好琢磨琢磨。为什么你刚才差点唱不下去，我能理解，《白毛女》这个戏就是你的生活。"舒强导演没有责怪郭兰英坏了节奏，反倒连声称赞。

自从在石家庄的首场演出成功后，郭兰英的

名字便和《白毛女》紧紧地联系在一起。接下来，大大小小近百场演出，更让她的名字家喻户晓。

郭兰英，终于从一个唱旧戏的艺人脱胎换骨，成为一名为人民表演的文艺工作者。而《白毛女》这部歌剧也在郭兰英和其他同志的共同努力下日臻完美，充分展现出艺术作品的感染力。

飞向广阔的天地

一九四九年,第二届世界青年与学生和平友谊联欢节要在匈牙利首都布达佩斯召开。中共中央组织青年歌手们前往参加,郭兰英就是队伍中的一员。

收到这个喜讯后,郭兰英立刻告诉了母亲:"妈,我要去国外参加歌唱比赛了!"

"国外?国外很远吧?我那时候从平遥一路乞讨到张家口,都走了好几个月呢!"母亲担心地说。

"妈,您真是能操心呀!我们代表团是坐火车去,快得很呢。中央领导都下了指示,让我们走出国门,把咱们中国的歌唱给全世界听。他们还说,一定要捧回奖杯来哟!"

"好,好,好。兰英啊,你真是个有福气的人。"

"所以,我要好好唱,为祖国争光。"郭兰英心想,只有好好演唱,才能不辜负党和人民的信任。

说是这么说,但毕竟是第一次出国,还是第一次代表中国和中国人民演出,这让年轻的郭兰英紧张不安。

在出发前,文工团认真组织了参演节目,诗人阮章竞听了郭兰英随口哼唱的家乡民歌后,大受启发,集中精力为她创作了反映旧社会妇女备受压迫,新社会妇女当家做主的新歌《妇女自由歌》的歌词。音乐家周巍峙负责曲调部分,他对山西太谷秧歌《苦伶仃》《割莜麦》《卖烧土》《大挑菜》进行推敲、加工、组合,创编成一首在全曲结构布局以及各乐段音调、节奏的变化上都符合内容情绪需要的曲目。

旧社会好比是黑格洞洞的苦井万丈深,

井底下压着咱们老百姓,妇女在最底层。看不见那太阳看不见天,数不清的日月数不尽的年,做不完的牛马受不尽的苦……谁来搭救咱?多少年来多少代,盼的那个铁树就把花开,共产党毛泽东,他领导咱全中国走向光明,中国人民大解放,受苦的老百姓见了太阳!……

郭兰英一唱就喜欢,这首歌就是她的心声,是广大妇女的心声。

"兰英,怎么样?"团长问郭兰英唱这首歌有什么感受。

郭兰英急忙点头:"团长,这首歌,我唱了!"

郭兰英反复地揣摩这首新歌,她将自己的理解和深情融入歌声里。演唱的情绪从压抑逐渐变得明快,变得生机勃勃,变得豪情万丈,郭兰英唱出了中国妇女终于当家做主的自豪感。

郭兰英跟随着中国青年代表团抵达匈牙利首都布达佩斯,在联欢节上,她饱含深情,演唱

《妇女自由歌》，唱得酣畅淋漓。外国观众非常喜欢这种浓郁质朴的中国风，他们为郭兰英送上经久不息的掌声。以后的演出，郭兰英多次深情地演唱这首歌，她的演唱也屡屡赢得观众的掌声。

这一次的联欢节，郭兰英荣获了三等奖，这是中国人第一次在世界艺术大赛上获得艺术奖。郭兰英捧着沉甸甸的奖杯，心里激动万分，她代表新中国，将祖国人民奋发向上的崭新面貌传唱给了世界人民听！

代表团回国后，受到了党的领导人的亲切接见，领导们对郭兰英的出色表现给予了高度评价，并鼓励她以后要多代表中国人民去做访问演出。

望着窗外清朗的蓝天，郭兰英心潮澎湃，过去的她可从来不敢想能有代表祖国歌唱的一天，是党和人民给了她崭新的生命和生活。郭兰英觉得此刻自己就像一只展翅翱翔的雄鹰，即将飞向更广阔的天地。

在新歌剧的道路上越走越远

新中国成立后,五湖四海处处呈现出一番新风貌。党中央要求丰富人民群众的文化生活。

这一时期,涌现出了许许多多新歌剧。郭兰英因为有着丰富的舞台经验,以及得天独厚的好嗓子,毫不意外地成为好几部新歌剧的主角。

这一天,导演舒强为郭兰英拿来一个新剧本——《小二黑结婚》。

歌剧《小二黑结婚》是根据作家赵树理创作的短篇小说改编而成的。赵树理听说,农村里两个青年男女自由恋爱,却被当地一些当权者说他们搞腐化,最后受迫害致死。后来,凶手虽然被法办了,但赵树理发现,连受害者的家人都不同意这对年轻人在一起,认为他们这么做有伤风化。赵树理认为,自由恋爱应该得到支持和保护,为了提高人民群众的觉悟,他潜心创作了这部小说。

郭兰英捧着剧本,一看就入了迷。主人公小二黑和小芹是两个向往过上幸福生活的年轻人,他们勇敢抗争,终于冲破封建势力的重重阻碍,过上了美满幸福的生活。郭兰英被他们追求爱情的勇气深深打动了,她情不自禁地为他们的喜而喜,为他们的忧而忧,为他们最后冲破旧势力的束缚而欢欣不已。

"这样的歌剧才能打动人呀!"郭兰英开始悉心揣摩小芹这个角色。然而,就在她为新歌剧做准备时,搭档李洗的嗓子突然出了问题。

郭兰英急需一个新搭档,幸好中央戏剧学院的老师推荐了一位即将毕业的小伙子柳石明,说他歌唱得特别棒。郭兰英当即和文工团里的几位同志一起去学校考察。听柳石明唱了两首歌后,郭兰英立刻确定,小二黑就是他了!

选定了新搭档,郭兰英的任务却丝毫没有减

少。柳石明虽然天赋极好，但他所学的专业是话剧表演，对歌剧着实陌生。所以，郭兰英不光要演好小芹这个角色，还要带好新人。这时，郭兰英拿出了足够的耐心，她将一招一式悉心传授给柳石明，比如怎么伸手、怎么背枪、怎么跑步才能赏心悦目等。慢慢地，两人越来越有默契。

经过多次排练，《小二黑结婚》终于要上演了。

清凌凌的水来蓝莹莹的天，小芹我洗衣裳来到了河边，二黑哥县里去开英雄会，他说是今天要回家转。我前晌也等，后晌也盼，站也站不定，坐也坐不安……

郭兰英一亮相，就把小芹那心神不宁的神态演得惟妙惟肖。

柳石明也演得不错，这一段时间，他下足了功夫，很快就把握住了小二黑这个角色的特点。

但意外还是发生了。

在剧中，小二黑要跑上桥，和盼着他回家的

小芹拥抱在一起。柳石明整整衣帽，背上枪，奔向石桥，这些动作完成得流畅又自然。但此刻，他看到扮演小芹的郭兰英时，却有点退缩了。郭兰英老师是他非常敬重的人，当着台下众多的观众，他不敢张开手臂拥抱。郭兰英从柳石明的眼中看出了他的羞怯，万一他犹豫的时间过长，被观众察觉到，戏就演砸了。郭兰英当机立断，主动扑到柳石明的怀里。观众们没有看出破绽，场上响起了经久不息的掌声，大家都为小二黑和小芹美满的结局感到由衷的欢喜。

随着演出次数的增多，郭兰英的舞台经验越来越丰富。

有一次，在演出《红霞》时，郭兰英上场忘记戴手镯。在"送别定情"那一场戏中，她要一边唱一边摘下手镯，将手镯当成信物送给恋人。结果唱到关键时刻，郭兰英一摸，手上竟没镯子。她心里一惊，台下千百双眼睛正聚精会神地盯着看，该怎么办？她灵机一动，马上改变唱词，并换了一个动作，神不知鬼不觉地过了这一关。事后，她的搭档说当时被吓出了一身冷汗。

郭兰英不只在舞台上表现得沉稳,她还有极强的舞台责任感。

有一次,她和柳石明在天津参加演出,他们要演几个经典歌剧的片段,包括《小二黑结婚》《刘胡兰》《白毛女》和《窦娥冤》。那时候,郭兰英和柳石明之间的配合已经相当默契,他们的表演也深受观众的喜爱。

第三场是《白毛女》,扮演喜儿的郭兰英表演从山上一溜小跑,跑下山来的场景。正当她拉开架势从"山上"跑下来时,没料到当时的舞台设施陈旧,舞台上的地毯已经被磨得很光滑,她一不留神,脚底一滑,从"山上"重重地摔了下来。

当时,观众们都看得清清楚楚,郭兰英摔了一跤,而且摔得不轻。大家都为她捏了一把汗,身旁的柳石明更是焦急万分,他知道,郭兰英老师摔得很重。

他扶着郭兰英缓缓走下台,让她不要再演下去了。没想到,郭兰英断然拒绝:"观众喜欢看我们的演出,我得演下去!"她望着同志们关切的目光，吃力地笑了笑，"我没事，我还能演。"

舞台的帷幕再次缓缓拉开，第四场《窦娥冤》照常上演，观众们又看到了那个神采飞扬的郭兰英。她的动作还是那样优美，歌声还是那样动人。只有扮演窦天章的柳石明看得清清楚楚，郭兰英老师的每一个动作都非常吃力，她是强忍着疼痛，力争把每一个动作都做到位。

当郭兰英坚持把《窦娥冤》演完时，所有人都站起来，用热烈的掌声向她致敬。

演出结束后，郭兰英立刻被同志们送往医院。经过检查，医生诊断她被摔成了骶骨粉碎性骨折。

郭兰英的敬业精神，帮助她创造了一个个生动鲜活的经典艺术形象：不屈不挠的喜儿、宁死不屈的刘胡兰、追求自由的小芹等，都深受人民群众喜爱。郭兰英也因此成为中国新歌剧的代表人物之一，为中国新歌剧的发展做出了开拓性的贡献。

情感浸染出的歌声

一九五〇年六月,朝鲜战争爆发。美国悍然派兵侵略朝鲜,朝鲜民主主义人民共和国请求中国政府派兵援助。为了抗美援朝,保家卫国,当年十月,根据中央决定,中国人民志愿军开赴朝鲜前线,同朝鲜军民并肩作战,一起抗击美国侵略者。

中国人民志愿军在战斗中英勇顽强,不畏艰险,不惧牺牲,涌现出无数可歌可泣的英雄人物,上演了一幕幕感人至深的故事。上甘岭战役就是其中之一。

一九五二年十月,美军发动上甘岭战役。上甘岭是五圣山的主要阵地,它的得失关系到整个中部战线的安危。战役历时四十三天,美军先后调集六万多兵力,向不足四平方千米的我军阵地上,投掷了一百九十发炮弹和五十枚以上的炸弹。上甘岭化为一片焦土,山头被削低两米。志愿军在困难重重的情况下,仍坚守阵地,击退敌军九百多次进攻,最终取得了上甘岭战役的胜利。

电影《上甘岭》以上甘岭战役为背景,对志愿军某部八连坚守阵地,与敌人浴血奋战,最终收复上甘岭主峰的战斗经历进行艺术加工,真实、形象地再现了那场气壮山河的战役。导演沙蒙在拍完这部影片后,找到词作家乔羽,请他为电影创作一首插曲。面对快速创作的压力,乔羽却一直找不到灵感,直到一个下雨天,他看见河水暴涨,河面变得宽阔,突然想到了歌曲的开头——一条大河波浪宽。乔羽作词之后,沙蒙导演又请刘炽作曲,刘炽研究了一九四九年至一九五五年间人民喜爱的歌曲,从中选出十首反复听,最后才定下了曲调。

歌是有了,可找谁来唱呢?

沙蒙导演请了当时一些擅长民歌的歌唱家试唱，可都不太满意。最后，乔羽向他推荐了郭兰英，他说郭兰英唱歌是用情在唱，而且声音高亢清亮，很有特色。

一条大河波浪宽，风吹稻花香两岸，我家就在岸上住，听惯了艄公的号子，看惯了船上的白帆。

这是美丽的祖国，是我生长的地方，在这片辽阔的土地上，到处都有明媚的风光！

姑娘好像花儿一样，小伙儿心胸多宽广，为了开辟新天地，唤醒了沉睡的高山，让那河流改变了模样。

这是英雄的祖国，是我生长的地方，在这片古老的土地上，到处都有青春的力量……

郭兰英的歌声甜美又充满力量，唱出了对祖国的热爱，对人民的热爱，带给人一种奋发向上的激昂之情。沙蒙导演对她的试唱十分满意，于是立刻安排郭兰英到中央人民广播电台进行录制。录制完成后的第二天，电台便向全国人民播放了这首歌。从此，《我的祖国》唱遍大江南北。

郭兰英每一次唱《我的祖国》都怀着深深的感激之情，她说："是祖国给予了我一切，没有祖国，就没有我郭兰英。"正是这份真挚、深沉的情感的注入，才让这首歌唤起了全国人民的共鸣。

几十年后的一天，一位台湾地区的作家在香港大学做讲座时问了一个问题："你们的启蒙歌是哪一首？"当时，全场观众同时唱起了《我的祖国》。可见，这首歌多么深入人心。

一九八九年，乔羽、刘炽、郭兰英凭借《我的祖国》获得第一届金唱片奖。

继《我的祖国》之后，郭兰英又把一首《南泥湾》唱得妇孺皆知。

《南泥湾》是以陕北民歌的曲调创作而成，原本是大型歌舞剧《东方红》里的一首歌曲，采用的是美声唱法。

高昂激越的中国革命颂歌《东方红》，是由

三千多人集体创作编演的音乐舞蹈史诗,全剧共分《东方的曙光》《星火燎原》《万水千山》《抗日的烽火》《埋葬蒋家王朝》《中国人民站起来》《祖国在前进》《世界在前进》八场。它以歌舞、大合唱、齐唱、独唱、群舞、独舞等多种艺术表现形式,展现从中国共产党诞生到中华人民共和国成立,并开始进行社会主义建设的伟大历程,表现了中国人民在中国共产党的领导和毛泽东思想的指引下,艰苦奋斗,前赴后继的革命精神和英雄气概,以及自力更生,奋发图强,决心战胜一切困难,建设一个强大的社会主义国家的坚强意志。

一九六四年国庆前,一场盛大的文艺庆祝晚会正在紧锣密鼓地筹备中。在人民大会堂联排时,中央领导提出用民族唱法重新演绎《南泥湾》,并点名由郭兰英来独唱。郭兰英欣然接受了中央领导的安排。她格外珍视这次演出机会,对舞台动作做了很多别出心裁的编排,把当时的秧歌步改成了戏曲台步,这么一来,表演效果更显端庄了。

演出当天,她上穿红色的衣服,下着天蓝色的裤子,手里托着花篮,像一块宝石般耀眼夺目。一开口,她就将南泥湾牛羊遍地、庄稼丰茂的丰收局面唱得喜气洋洋。

花篮的花儿香,听我来唱一唱,唱一呀唱。

来到了南泥湾,南泥湾好地方,好地呀方。

好地方来好风光,好地方来好风光,到处是庄稼,遍地是牛羊……

她的歌声从甜美淳朴逐渐转为英气勃勃,有一股人定胜天,将荒山旧貌换新颜的豪迈劲。

《南泥湾》这首歌,经过郭兰英的演唱,再一次成为家喻户晓的经典曲目。二〇一五年,国家新闻出版广电总局举行"我最喜爱的十大抗战歌曲"网络投票,郭兰英演唱的《南泥湾》榜上有名。

除此之外,郭兰英还演唱过许多脍炙人口

的歌，比如《人说山西好风光》《敢教日月换新天》《山丹丹开花红艳艳》等，都广受人民群众的喜爱，有许多曲目都成为中国民族歌曲的经典之作。

难忘的音乐会

风一天比一天暖了、软了,大大小小的湖泊开了冻,岸边的杨柳也吐出新芽,春天来了。这是一九六三年的春天,中央领导会见了郭兰英,问她愿不愿意举办一场独唱音乐会。

举办独唱音乐会要求突出展现个人专业才能,郭兰英担心会有人说她个人主义,急于表现自己,担心团里的领导不支持她。

郭兰英将自己的疑虑说了出来,首长爽朗地笑了,说集体也罢,个人也罢,不都是为人民群众唱歌吗?唱得好,就该多为人民唱好歌嘛!

那些年,郭兰英常常跟随中国代表团去国外访问,她知道国外歌唱家举办独唱音乐会是一件十分普通的事，首长是想让祖国在方方面面都展现出奋发向上的新风貌，在艺术上也不落后于其他国家。于是，她答应了。

因为文工团安排乐队有困难，郭兰英只好向海政文工团的作曲家吕远求助。吕远了解情况后，一口答应下来，他不仅为郭兰英的独唱会提供乐队，还把场务工作也承包了。

有了乐队的支持，郭兰英赶紧选定曲目，争分夺秒地进行排练。这次独唱会，她从四个方面入手，选择了一些大家耳熟能详的曲目。前半场为创作歌曲和戏曲选段，后半场为民歌选曲和歌剧选段。

郭兰英要在民族文化宫剧场演出的消息，轰动了整个北京城。她的歌，人人爱听。那时候，电视还不普及，广播转播音乐会的曲目又滞后，只有亲自到现场听一听，大家心里才踏实。

售票当天，虽然北京的天空扬起黄沙，但丝毫不影响人们的热情。大家顶着风沙，你挨着我，我挨着你，队伍从民族文化宫一直排到了西单十字路口，足足一公里。

郭兰英心里十分喜悦。她热爱舞台，热爱观众，只要有人愿意听她唱，哪怕面对的只有三两人，她都心满意足。何况这一次，她的独唱音乐会得到了老百姓的热情支持。

第一场演出当天，郭兰英穿了一袭淡蓝色的连衣裙，清纯素雅。她一出场，台下立刻响起热烈的掌声。郭兰英往台下扫视，发现敬爱的周总理和郭沫若同志也坐在前排。她心头一暖，这是领导同志在用实际行动来表示对她的支持呀！

> 公社是棵常青藤，社员都是藤上的瓜，
> 瓜儿连着藤，藤儿牵着瓜，藤儿越肥瓜越甜，
> 藤儿越壮瓜越大。
>
> 公社的青藤连万家，齐心合力种庄稼，
> 手勤庄稼好，心齐力量大，集体经济大发展，
> 社员心里乐开花……

郭兰英一开口唱，大家就被她清亮、欢快的歌声吸引了。

"郭兰英真是名不虚传！"

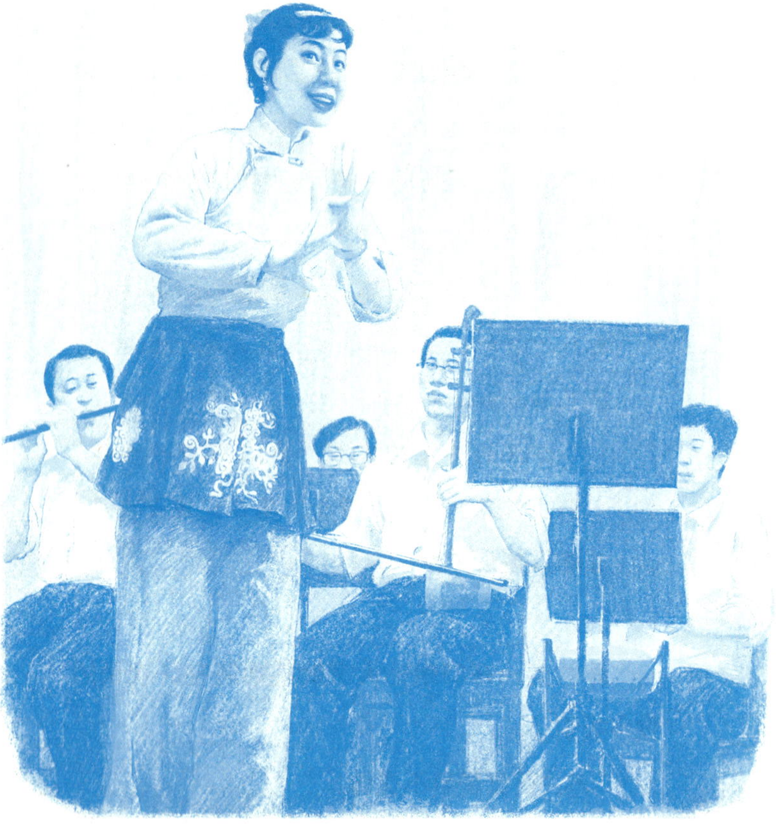

"真好听,不枉我排了一下午的队。"

台下的掌声、喝彩声此起彼伏,全场观众都为她的歌声深深迷醉。郭兰英的演唱风格多变,有时像漫步在青翠麦田里的少女,无忧无虑,清纯甜润;有时又像策马扬鞭、驰骋沙场的女战士,豪情万丈,苍劲有力。

演出结束时,观众们一再鼓掌,敬爱的周总理更是给了郭兰英极大的鼓励,他站起来举手示意,让观众们暂停鼓掌,然后走上舞台,与郭兰英握手表示祝贺。

郭兰英感动万分,她把周总理的关怀铭记于心。

那天,郭兰英演唱了《南泥湾》《八月十五月儿明》《人说山西好风光》《咱们的领袖毛泽东》等大家十分喜爱的曲目。当唱到《我的祖国》时,她邀请大家一起合唱。

> 姑娘好像花儿一样,小伙儿心胸多宽广,为了开辟新天地,唤醒了沉睡的高山,让那河流改变了模样。

这是英雄的祖国,是我生长的地方,在这片古老的土地上,到处都有青春的力量!

好山好水好地方,条条大路都宽敞,朋友来了有好酒,若是那豺狼来了,迎接它的有猎枪。

这是强大的祖国,是我生长的地方,在这片温暖的土地上,到处都有和平的阳光!

那一刻,剧场里万众一心,齐声高唱《我的祖国》,每个人的心中都激荡着雄壮豪迈之情。

这就是音乐的力量,让所有人的心凝聚在一起,拧成一股绳;这也是祖国的力量,万千儿女满怀激情和憧憬,相信一定能迎来幸福美好的新生活。

郭兰英的这场独唱音乐会大获成功,结束后,观众们意犹未尽,强烈要求加演。面对观众们的盛情,郭兰英十分感动,她决定在首都剧场加演两场。依然如第一场,她后面的两场音乐会也都得到了观众们的热烈响应。

百尺竿头须进步

月光如水一样泻入窗棂,窗外树影婆娑,蛙鸣阵阵。

郭兰英铺开有点发黄的信纸,庄重地写下一份入党申请书。

"敬爱的党组织:我志愿加入中国共产党……"

郭兰英写得很认真,横竖撇捺,一笔一画都写得极其工整。她一直坚信,她是跟随着中国共产党的步伐才过上了幸福的生活,是中国共产党给了她新的生命,让她获得了尊严,也获得了为人民歌唱的机会。她满怀感激。"没有党,就没有我郭兰英的今天。"这是她常常说的一句话。因此,加入中国共产党,也成为她梦寐以求的心愿。

郭兰英不记得自己已经写了多少份入党申请书了,虽然一直未能被党接纳,但她毫不气馁,一次不行,就再申请一次。

第二天,郭兰英把字迹端正的入党申请书又交到了文工团书记的手中。文工团在对提交入党申请书的同志们进行评议审核时,说到郭兰英,立刻有人提出反对意见。

"郭兰英啊,现在很有点目中无人,有的同志跟她打招呼,她总是爱搭不理的。"

……

郭兰英在听到党组织反馈的意见时,心里非常难过。

对于演唱,她有一股子傲气,她喜欢挑战一首首新歌、一部部新剧,因为她是那么热爱舞台。但对人,她可从没有傲慢无礼,自从加入革命队伍,她就一直严格要求自己追求进步,有人说她不理人,那实在是误解了她。

郭兰英有个习惯,只要拿到新剧本,她便会着了魔似的背台词,琢磨台词中蕴含的情感。这么一来,她经常吃饭也背,散步也背,整个人的心思都放在了台词上面,就连母亲喊她吃饭,也要喊好几遍才能把她从台词里"拽"出来。有一次,她骑在自行车上还惦记着台词,差点跟迎面而来的自行车撞上。

所以,有时同志们跟她打招呼,恰好遇到她正在琢磨台词,入迷的她根本听不到别人的声音,这才落下了被人说傲慢自大的话柄。但正是因为郭兰英专注于艺术表演,她的舞台表演感染力才达到了令人惊叹的地步。

郭兰英对台词有超强的记忆力,常常令其他同志自叹不如。比如在排新歌剧《红霞》时,她仅用了一个星期就把台词背得滚瓜烂熟。往常,排练这么一出新歌剧,大家至少要花一个多月的时间。

舒强导演对郭兰英的才能也格外欣赏。舒强导演是一个精益求精的人,每次他导演新戏,演员们个个都会拿着笔记本认真做记录。现场排练时,他对演员们也十分严格,动作是否到位,情感把握得是否准确,都会被他严苛的眼睛发现,然后要求演员们一遍又一遍地练习。但轮到郭兰英排练时，舒强导演却什么也不说。有一次，化妆师偷偷地问他，为什么对郭兰英这么放心，舒强导演说："郭兰英属于表现派，是中国戏剧表演的传统派与体验派的结合，她怎么演都好看，她有她的分寸。只要她演，我可以把戏放心地交给她。"

郭兰英是多么幸运啊，不仅导演不吝溢美之词，她的表演更是得到了广大人民群众的喜爱，得到了党和国家领导人的认可。

郭兰英知道，自己屡次提交入党申请书屡次碰壁，说明自己还有进步的空间。她不是一个轻易认输的人，在旧社会，她备受折磨，什么苦都吃过、忍过。而今天，入党路上的阻碍，她有信心去克服，谁也不能熄灭她加入中国共产党的热忱。

"心爱啊，你入党的事怎么样了？"晚上一回到家，母亲已准备好了热腾腾的饭菜。

"没通过。"

"心爱啊，怎么又没通过？你说，咱们是苦出身，你又要求进步，当时我们跟着革命队伍的日子多难啊！战士们行军，你走不动，首长让你坐车，你还坚决地拒绝了，硬是和大家一起走，走得脚上全是水疱……"

"妈，您别再说了。同志们的意见是对的，我还需要做得更好。"尽管有点沮丧，郭兰英还是安慰着母亲。她拿起筷子，先给母亲夹了菜。"妈，咱们快吃吧，吃完了我还要学习《毛主席语录》呢！"

吃过饭，母亲还在絮絮叨叨，郭兰英这么好的姑娘，为什么还是入不了党呢？

郭兰英捧着书，不搭腔，但她知道母亲心疼自己，母亲明白她对党是多么忠诚，对入党又是多么渴望。

"世界上怕就怕'认真'二字，我就最讲认真！"郭兰英翻着书，一句一句地读着。

"毛主席也说认真好，那我就再认认真真地写一次入党申请书吧。"读着《毛主席语录》，郭兰英的心里又燃起了激情。

唱响不屈的战歌

一九六六年的初夏,"文化大革命"开始了,文艺界受到冲击,作为一名演员,郭兰英也不可避免地受到了影响。

郭兰英性子烈,她说:"没有共产党就没有我郭兰英的今天,我对党、对人民的忠诚日月可鉴。"

"我打心眼儿里感激党,感激毛主席。"

"我唱的歌全是革命歌曲,演的歌剧也是传扬革命精神的。"

她穿上绿军装,戴上红袖章,精精神神地出了门。

"兰英,你这是上哪儿去?"邻居同她打

招呼。

"我到工厂演出去。"郭兰英坚定地说道。

邻居大惊失色:"兰英啊,你怎么还敢演?"

"我呀,是去唱革命歌曲。"郭兰英微微一笑,挥挥手,咚咚咚地走远了。

郭兰英真的来到了附近的一家工厂,找到工厂负责人说,她要为大家唱革命歌曲,还要唱《白毛女》。

她坦坦荡荡地走上舞台,张口就唱起来:

北风那个吹,雪花那个飘,雪花那个飘飘,年来到……

她也唱革命歌曲:

一条大河波浪宽,风吹稻花香两岸,我家就在岸上住,听惯了艄公的号子,看惯了船上的白帆……

太阳一出来哎咳满山红,共产党救咱翻

了身哟哎咳。旧社会咱们受苦的人是人下人,受欺压一层又一层。打下的粮食地主他拿走哎咳哟,咱受冻又受饿,有谁来照应?毛主席领导咱平分土地,为的是叫咱们有吃又有穿哎咳哟。往年咱们眼泪(往)肚里流啊哎咳哟,如今咱站起来做了主人哎咳呀。天下的农民是一家人哪哎咳呀,大家团结闹翻呀身呀哎咳呀咳咿呀咳,大家团结闹翻身……

郭兰英时而唱得深情,时而唱得慷慨激昂,时而唱得悲愤动人,台下的观众听得如痴如醉,掌声雷动。

郭兰英不光去工厂唱,也去街头唱,只要有机会她就会唱。每次,只要她一开口,身边就会围满了观众,大家听得热泪盈眶。

朋友们都替郭兰英提心吊胆,她这样势必会招来更多的麻烦。但郭兰英就是要坚持做自己,绝不会去做违背自己良心与品格的事情。她坚信,总会有人理解她,总会有人认同她。

就这样,郭兰英一次又一次跑到街头为人民

群众唱歌。她的歌声,飘荡在北京的大街小巷,成为一首首不屈的战歌。

后来,上级部门提出让文艺界人员到农村去锻炼,体验农村生活。郭兰英所属的中国歌剧舞剧院被分配到张家口地区。

到了农村的郭兰英,又开始在土地上干农活了,她跟大家一起割麦子,收玉米,挖沟修渠。虽然从小就开始学戏,对农活并不在行,但她从不喊累,心里攒着一股劲儿,别人能干好的,她一样能干好。

天气冷也罢,热也罢,郭兰英跟着大家一起白天下地干活,晚上回到驻地参加政治学习。

刚开始,郭兰英只想默默地干活,但她的名气实在太大了,何况张家口本来就是她早年成名的地方,新中国成立后,大家又听她唱了那么多传遍全国的优美歌曲,因此当地人听说郭兰英到张家口了,都起了好奇心。

有人说,这个郭兰英是假的吧?有人说,从前的郭兰英也许早就死了。为了验证郭兰英是不是真的在张家口,老乡们有的骑着自行车,有的赶着马车,三五成群地从老远的地方跑到驻地来看她。他们看见在地里干活的城里人就喊:"哪位是郭兰英同志啊?郭兰英同志能不能给我们唱一个?"

居然有这么多淳朴的老百姓没有忘记自己,郭兰英百感交集。她站起身来,眼里满是泪花:"我就是郭兰英,谢谢大家还记得我。"

"郭兰英同志,给我们唱一个吧,我们都爱听你唱!"

"给我们唱歌吧,地里的这点活儿,我们给包了!"

老乡们一听郭兰英真的在这里,不禁热切地恳求道。

"那我就唱一个吧。"郭兰英捋了捋头发,唱了起来:"花篮的花儿香,听我来唱一唱,唱呀一唱……"

钢铁般的意志力

在农村的那段日子,虽然时时要接受各种审查,但每天来听她唱歌的老乡络绎不绝,这让郭兰英生出继续唱的勇气。

生活总是以这样那样的方式考验人。在一次审查中,郭兰英被一只大脚狠狠地踩在腰上,只听脊柱发出咔嚓一声,一股钻心的痛从腰上袭来,她再也忍不住了,发出一声凄厉的惨叫。

她的脊柱断了……

云低垂着,黑沉沉地压下来,仿佛只要来上一缕风,就会电闪雷鸣,泼下倾盆大雨。

郭兰英被推出了手术室,过了很久,她才醒来。一醒来她就下意识地想坐起,然而刚一侧身，腰间立刻传来一阵剧痛。郭兰英这才想起，她的脊柱被人踩断了。稍稍有点医学常识的人都知道，断了脊柱想再站起来可没有那么容易。

"大夫！大夫！"郭兰英声嘶力竭地喊。

不一会儿，医生来了，郭兰英紧盯着医生的眼睛问："我还能站起来吗？"

"您别急，先休养一段时间吧。"

但是，郭兰英从大夫的眼里看出了犹疑，看出了瑟缩。她心里一紧，恐怕是站不起来了吧。

"我是不是站不起来了？"她的声音因为紧张而发颤。

"我们会根据您的身体状况随时调整治疗方案。"医生感到很为难，"但确实不能保证您能重新站起来，还是耐心等待结果吧。"

郭兰英颓然地躺在床上。作为一名演员，她是那么热爱舞台，眼下，却连站都站不起来，也许往后的日子都要在轮椅上度过，这真是太可怕了！郭兰英不敢想下去。

接下来的日子重复而单调，每天都是在病床上度过，连吃饭、上厕所都需要护士帮忙，郭兰英的心情坏到了极点。

晴天时,阳光从窗户照进来洒到病床上,白色床单白得刺目;阴雨天,天空灰蒙蒙的,白色床单更是一片惨白。白色,填满了郭兰英的视野,那是多么枯燥的白,凄冷的白,绝望的白呀!日子就在这无尽的白中,一点一点流逝着。

一个月过去了,两个月过去了,三个月过去了……郭兰英的腰还是瘫软的状态,她仍然无法离开病床。

她绝望了,她不想一辈子像废人一样过下去。她一直是一个要强的人,而如今,现实把她所有的梦想和希望都拦腰截断,她甚至不能像普通人那样正常生活。

很多次,她生出了放弃的念头,但不服输的性格又让她难以轻易向现实屈服。

她想起了在苏联学习时,听过的女战士卓娅的故事。在德国入侵苏联时,年轻的卓娅不幸被敌人抓住,临刑时,她高喊:"永别了,同志们!别怕,同他们斗……为自己的人民而死,是幸福的!"

她也想起了自己演过的刘胡兰。年仅十五岁的刘胡兰勇敢地把自己的头搁在敌人的铡刀下,从容就义,毛主席为她题字:"生得伟大,死得光荣。"

"卓娅和刘胡兰都是我崇敬的人,她们是为国家而死,为人民而死!可我郭兰英呢?是为了躲避身体上的痛苦而死,我怎么这么懦弱?我不配演刘胡兰……"郭兰英不停地反问自己,她痛恨软弱的自己,"我得活下去,我要站起来,我还得为人民歌唱,不然,我就辜负了人民对我的喜爱。"

既然选择了生,那就得好好地活下去。郭兰英想,要活,我就得站起来,再苦再痛我都得挺住!

郭兰英开始尝试在病床上坐起来,她双手紧紧地抓着围栏,身子一点一点地往上抬。每抬一点,都像有一双大手残忍地拉拽她,撕裂她。郭兰英咬着牙,豆大的汗珠从她的额头上冒出来,一滴接一滴地往下流,浸湿了她的衣衫。她相信,只要坚持锻炼,一定会一天比一天好。

一个星期后,郭兰英竟然能坐起来了。

"真是个奇迹!"医生和护士都惊讶了。医生感叹,郭兰英的意志比他的药可管用多了。

攻克了第一道难关,要强的郭兰英斗志昂扬。她又开始试着扭转身子,把脚垂放在床边,扶着床头柜用力,她要站起来!

然而,想要站起来可没那么容易。脚着了地,但腰使不上劲,只要身子稍稍往上一提,脊柱的疼痛便如闪电般袭来,一双脚更是不听她的指挥。

郭兰英死死地咬紧牙,告诉自己一定要站起来,一次不行,再试一次。她不记得自己试过多少次,每天她都练得大汗淋漓。

时间一天天地过去了。三个月后的一天,郭兰英终于扶着床头柜站了起来,她一把抓住窗口的白色围栏。窗外,绿影婆娑,鲜花怒放,生机盎然,多么美丽的世界呀!她抓着围栏的双手一直颤抖着,是吃力,是兴奋,更是激动。

"郭兰英同志,快回到床上去!"

医生和护士赶来了,他们又亲眼看见了郭兰

英创造的奇迹。他们既为她欣喜，又为她担心，万一再摔一跤，后果不堪设想。

郭兰英眼含着热泪："让我多站一会儿吧，让我好好看一看这美丽的世界。"

她久久凝视着窗外。

郭兰英决定，自己一定要走出病房，走进风光无限的大自然中去。于是，她像孩童学步一样，一步一步小心地挪动。通过日积月累的锻炼和医护人员的照顾，她的脚步一天比一天稳健、扎实，她终于凭借着强大的意志力战胜了病痛，又能像正常人一样行走了。

当郭兰英走出医院的那一刻，她闻到一股淡淡的花香，美好的世界又向她张开了怀抱。

让生命重新焕发光彩

春天来了!

尽管风还有些清冷,冻得人缩手缩脚的,但阳光洒下来,就能看见那些浅浅的叶芽一天比一天绿。黄褐色的土地上,绿意一天比一天浓,常常是一夜绵绵春雨过后,大片的绿就被泼洒般延绵至远方。

郭兰英又和同志们一起在田里干农活了。她挽了裤脚,脱下鞋子,赤脚踩在冰冷的水田里。

插了一阵秧,郭兰英的腰都快直不起来了。自从脊柱受伤后,她的腰常常会胀痛。她托着腰,直起身,走出水田,想到土坡上歇一歇。刚一坐下来,就迎面走来两个人。"郭兰英,跟我们走。"

"同志,什么事?"

"跟我们走就是了。"

郭兰英心里忐忑不安,跟着他们深一脚浅一脚地返回驻地。

"上车。"他们把她领到一辆吉普车跟前,面无表情地说。

郭兰英上了车,这两个人也跟上去坐在她身旁,像两尊石雕一样。车里的空气似乎都要凝固了。

郭兰英默默端坐着,挺直了背,心里好像有巨浪在翻滚:刚战胜了病魔,命运又会向她露出什么样的面目呢?

吉普车在路上颠簸着,一路向前。然后又驶过平整的街道,七拐八拐,停在一个小院前。郭兰英一抬头,心里一惊。

"郭兰英同志,你来了!"

郭兰英万万没有想到,她刚下车,迎上来的竟然是北京市政协副主席。

副主席来张家口地区视察工作,到达宣化后,正赶上中国歌剧舞剧院来此演出,于是对陪同人员说好久没听到郭兰英唱歌了,能不能让她来见个面。

在了解了郭兰英等同志的遭遇后,副主席说:"兰英啊,你要相信,党组织会处理好这些问题,一切都会好起来的。我回北京后会向中央反映你们的现状。请你回去转告同志们,要耐心等待。"

郭兰英激动地点了点头。

回到驻地后,郭兰英迫不及待地把这个好消息告诉了大家:"同志们,我们的春天就要来了!放心吧,我们很快就能回到北京了。"

时隔不久,在党中央的关怀下,郭兰英和其他同志陆陆续续地乘上了返回北京的列车。列车呼啸着,似乎想把大家所受的苦难飞快地甩到身后。

……

又是一年的五一劳动节,中国歌剧舞剧院为开展节日文艺演出活动遴选演员和节目,这一次,郭兰英也被选中了。

五一劳动节那天,天气晴朗,天坛公园里绿

树成荫，杜鹃花也如火如荼地开着。公园的一角临时搭了一个大舞台，红地毯、红背景，烘托出热闹喜庆的气氛。

听说有郭兰英的演出，大家扶老携幼地争着来看。大家没想到，郭兰英还能重回舞台演唱，这真是个令人振奋的好消息。

演员们上场又下场，唱了一曲又一曲，可迟迟不见郭兰英露面。有人着急，在台下不停地问："郭兰英是不是真的回来了？说是有郭兰英上场，怎么没见她？好久没听到她唱歌了……"

大家翘首以盼，郭兰英终于上场了。

"郭兰英来了！"

"郭兰英！郭兰英！"

人群中立刻爆发出一阵欢呼声。大家喜爱的郭兰英，在沉默多年之后终于又出现了！

一道道的那个山来哟一道道水，咱们中央噢红军到陕北。一杆杆的那个红旗哟一杆杆枪，咱们的队伍势力壮。千家万户哎咳哎咳哟，把门开哎咳哎咳哟，快把咱亲人迎进来，咿儿呀儿来吧哟……

郭兰英的歌声美妙不减当年。听到这熟悉的高亢的声音，许多观众都悄悄掏出手绢擦拭眼角。滚滚的热泪中，饱含着久别重逢的感慨和拨云见日的希望。

这次演出结束后，郭兰英又被安排去参加中国进出口商品交易会（简称广交会）期间的演出。

五月的羊城广州，繁花似锦，人行道两旁处处可以看到艳丽的三角梅和素雅的铃兰。

广交会有两场晚会，一场是上海京剧团的《海港》，另一场就是中央歌剧院和中国歌剧舞剧院共同承担的歌舞节目。

演出一开始，中央歌剧院的一名女歌手率先登场唱了两首歌。观众们的掌声很少，晚会现场的气氛比较冷淡。接着是一名男歌手演唱，气氛依然没有调动起来。

那时，郭兰英正在后台化妆，两位歌手匆匆跑来，悄声对她说："郭老师，广州的观众不好伺候啊！"

团长也着急地说："郭老师，场面实在是太尴尬了，只能让您提前出马了。"

郭兰英不慌不忙地描眉毛，敷腮红，涂唇彩……上好妆后，她从后台款款走上舞台。

台下闹哄哄一片，掌声也零零散散的。许多观众在底下窃窃私语："这是郭兰英吗？听说她在北京名气很大呀！""我在收音机里听过她的歌，好听。"……

郭兰英对于广州的观众来说还比较陌生，所以观众们心里不由自主地揣着几分疑虑，不知道现场听郭兰英唱歌，到底是一种什么样的感受。

郭兰英不理会台下的纷纷议论，她气定神闲地站在舞台中央，亮嗓开唱。舞台上的郭兰英，就像一位不屈不挠的女战士，舞台是她的战场，等待她去拼搏，去征服。她很有信心，用歌声去征服现场的观众。

郭兰英的嗓音清透洪亮，现场嘈杂的议论声一下子就停止了。观众们都安静下来，沉浸在她悠扬婉转的歌声里。

一曲唱罢，观众们送上热烈的掌声。

具有丰富舞台经验的郭兰英知道，这场晚会的气氛热起来了，她紧接着唱了一首《翻身道情》。这一次，掌声更加热烈，像海浪一般，一波接一波，这是观众们给予她的最诚挚的肯定。

观众们纷纷叫好，郭兰英每唱完一首，就有人热情地高呼："再来一首！再来一首！"

郭兰英下不了场了。

火爆的欢呼声和掌声吸引了在另一个演出厅里观看《海港》的人，大家都纷纷跑过来看热闹。维持秩序的工作人员怎么劝阻也不见效，过道上都挤满了人，观众们都被郭兰英的歌声吸引了，他们听得如痴如醉。

郭兰英喜欢这样的场面。观众们的热情让她心里非常激动，只要唱好歌，走到哪里都会受欢迎，真正好的艺术是不会被埋没的。

观众们喜欢听，郭兰英就唱。那天晚上，郭兰英一共唱了十一首歌，演出结束时，观众们还意犹未尽，不让她下场。

正如乔羽所说："郭兰英唱到哪里，哪里便

会成为人民的聚会，音乐的节日。"

还能为观众演出，还能被观众喜欢，这是一件多么幸福的事情啊！重回舞台的郭兰英，又焕发出生命的光彩。那一夜，她望着珠江璀璨的灯光，默默地想：无论今后发生什么事，只要我站在舞台上，我就要好好地为人民唱下去！

用歌声传递思念

郭兰英怎么也没有想到,自己返回北京后还没有机会见周总理,就收到了敬爱的周总理因操劳过度而去世的噩耗。得知这个消息时,她的眼泪哗的一下夺眶而出,她无法相信这是真的。

一九七六年一月八日,这对全国人民来说,是极其寒冷的一天。全国上下都陷入了深深的哀恸之中,悲声一片。

周总理一生勤勤恳恳,把人民的利益看得高于一切,始终把人民的疾苦放在心间。他的离世,对许多人来说都是沉重的打击。

想起周总理一直以来对自己的关怀,郭兰英悲痛万分。她想起自己在艺术道路上迷茫时,周总理鼓励她坚持走下去；她想起自己因为歌唱得好而心生骄傲时，周总理提醒她要谦虚做人；她想起周总理对自己的肯定和鼓励……周总理总是那么温文尔雅，待人亲切。

郭兰英流着泪，默默地换上黑棉袄。她在胳膊上套上黑纱，在胸前别上一朵白花，她要到长安街送总理最后一程。

天灰蒙蒙的，风像刀子一样刺骨，但郭兰英似乎感觉不到冷，她的心里只有悲痛。长安街上都是人，路那样长，人那样多。当周总理的灵车缓缓驶来时，上至耄耋老人，下至垂髫孩童，大家都站直身体，摘下帽子，默默哭泣着。

音容宛在，永别难忘！音容宛在，永别难忘！……目送着灵车远去，郭兰英泪流不止，在心里一遍又一遍地念着。敬爱的周总理啊，他真的离开了我们，永远地离开了我们。

两个多月后的清明节，群众在北京天安门广场上献上的花圈多不胜数，大家还不约而同地高声呼喊："怀念我们的好总理！"

郭兰英跟朋友们商量之后，决定几个人分头

去买白纸、铁丝，再找一些柏树枝，然后到郭兰英家里一起动手做花圈。他们做好花圈，在上面写下了"敬爱的周总理，文艺界战士想念您"。深夜，他们几个人带上花圈，骑着自行车向天安门广场奔去。他们在人民英雄纪念碑南面最高一层的汉白玉石栏杆上，牢牢地绑上了花圈。

时间来到了一九七六年十月，为庆祝粉碎"四人帮"反革命集团的历史性胜利，首都北京百万军民聚在天安门广场举行庆祝大会，郭兰英也参加了演出。这次她选择的表演曲目是《绣金匾》，这首歌是由甘肃民歌改编而成的，旋律明快流畅，整首歌抒发了广大人民群众对毛主席、朱总司令的热爱和对人民子弟兵——八路军的深厚情谊。在这次演出前，郭兰英曾多次演唱这首歌，《绣金匾》已经是大家耳熟能详的经典歌曲了。

上台前，郭兰英去找乐队商量："等我唱到《绣金匾》中的'三绣'时，请你们把节奏慢下来，能慢到什么程度就慢到什么程度。"乐队很纳闷，不知道郭兰英想做什么，但郭兰英不肯透露半分，只说："拜托了，拜托了。"郭兰英的舞台经验非常丰富，她的演出也总是能让人耳目一新，所以即使不知道郭兰英葫芦里卖的什么药，乐队还是决定尊重她的意见。

正月里闹元宵，金匾绣开了，金匾绣咱毛主席，领导的主意高。二月里刮春风，金匾绣得红，金匾上绣的是救星毛泽东！一绣毛主席，人民的好福气……

郭兰英在舞台上深情地唱起来。

当她唱到"三绣"时，乐队的同志们把节奏放慢了。台下的观众都觉得奇怪，为什么突然慢了呢？这节奏谁都听得出来，跟往常的不一样。

"三绣周总理，人民的好总理……"大家这才恍然大悟，郭兰英是把"三绣八路军"改成了"三绣周总理"，她是借这次演出怀念敬爱的周总理呀！放慢节奏是因为郭兰英怕自己在演唱时抑制不住悲伤的情感。当一字一句地唱出"鞠躬尽瘁为革命，我们热爱您"时，她已经泣不成声，台下的观众也泪流满面。

　　这无疑是一场精彩的演出。但郭兰英心里，只是想通过歌声来表达对周总理的深切怀念。

告别舞台，追逐新梦

经历了一段动荡的岁月，祖国又恢复了安宁与和谐，各行各业都洋溢着奋发向上的冲劲。郭兰英再一次郑重地写下入党申请书，经过时间的磨砺，她终于成为一名中国共产党党员。

那段时间，郭兰英在舞台上大展拳脚，她为人民歌唱的热忱又如火焰一般熊熊燃起。中国歌剧舞剧院的艺术家不仅在北京演出，也开始走向全国各地，郭兰英也跟着大家到处跑。

有一年夏天，她和同事们在塘沽火车站等车时，其中一位同事喊了一声郭兰英的名字，结果被候车的旅客听见了，大家纷纷围过来，请求郭兰英唱一曲。郭兰英毫不犹豫地答应了，她唱完了《我的祖国》，又唱《南泥湾》《绣金匾》……大家把郭兰英里三层外三层地围在中间。后来，郭兰英上车了，还有人追着火车跑，一边挥手一边高喊："郭兰英，欢迎你再来演出！"

一九八〇年，郭兰英决定编一台歌剧选段的节目演出，这次不仅仅是唱歌，还要将每一段歌剧实实在在地演出来。一台晚会，全是歌剧，并且由同一位演员从始至终分演不同角色，这在当时是一个了不起的创举。

有朋友劝郭兰英，说这样的表演难度非常大，何必让自己受累。一个人演一台戏，还要不停地更换角色，这样的表演形式好多人想也不敢想，但郭兰英就是要挑战一下自己，她想给观众们奉献一场视觉听觉的盛宴。郭兰英仔细考量，如果全程由她扮演不同角色，虽然后台卸妆、换装和换景会忙一些，但自己的体力应该不成问题。

"不试一试，怎么知道行不行？"郭兰英平静地说。

晚会开始，郭兰英登上舞台。

"北风那个吹，雪花那个飘……"她演的是翘首企盼爹爹回家过年的喜儿。

"清凌凌的水来蓝莹莹的天……"她演的是望眼欲穿，爱慕二黑哥的小芹。

郭兰英不停地上场，下场，卸妆，化妆……她一会儿扮演刘胡兰，一会儿扮演窦娥，忙得连轴转。每一个角色，她都是那么的热爱；每一个角色，她都用情、用心去诠释、演绎……观众被她的表演深深地打动了，台下的掌声一次比一次热烈。

郭兰英的演出大获成功！谢幕的时候，她的脸上绽放出幸福的笑容。她心想，成功了。在此起彼伏的掌声中，郭兰英软软地瘫倒在舞台上，她太累了。

看到这一幕，观众除了对郭兰英怀有深深的喜爱和敬仰，更多的是怜惜。她像拼命三郎一样对自己太严苛，所以才会体力不支。

"兰英啊，你还当自己是个小姑娘呢？"

"别太拼了，身体才是革命的本钱。"

"郭老师，您得多保重身体啊！"

同志们的关心令她十分感动，也让她重新审

视自己当下的身体状况。是啊,她演了几十年的喜儿、小芹、刘胡兰……现在,她已经到了知天命的年纪了,不适合再演十五六岁的小姑娘了,而且她的身体状况也不允许她像从前一样在舞台上奔忙。

郭兰英终于生出离开舞台的想法,尽管还有那么多期盼观看她演出的群众,尽管她对舞台的热爱丝毫未减,但毕竟年岁不饶人。

郭兰英想起了周总理曾对她说过的话,到唱不动的那一天,要做什么呢?

真想不到,唱不动的那一天来得这么快,仿佛是一眨眼的工夫。郭兰英有些失落和感伤。

如果在脸上涂上厚厚的油彩,演一辈子晋剧也不成问题。可是,唱晋剧等于走回头路,而新歌剧是赋予我生命光彩的艺术啊!遇见《白毛女》的那一刻,我就深深地爱上了新歌剧,能演喜儿,就是我的梦想。我的梦早已经圆了,而且我的路越走越宽,越走越远,我还有什么不满足的呢?……郭兰英反反复复地掂量着。毕竟,要告别自己摸爬滚打了几十年的舞台,不是能够轻易做出的决定,郭兰英对舞台有着难以割舍的情感。

周总理是怎么嘱咐自己的呢?唱不动的时候,就要把艺术传承下去。

郭兰英终于下定决心,她要退出舞台,把自己的舞台经验传授给新一代的年轻人。

一九八二年,郭兰英决定举行舞台告别演出。李苦禅、黄永玉、黄胄、丁井文等著名画家听闻消息后,纷纷送上字画。在演出的前一天,朋友杨先让把这些礼物交到了郭兰英手里,收到这些沉甸甸的礼物,她又红了眼圈。

像曾经的每一场表演一样,这场告别演出也大获成功,自此之后,郭兰英离开了她热爱和眷恋的舞台。

退出舞台后,郭兰英到中国音乐学院任教。大家以为,她从此会过上悠闲宁静的生活,给学生们上上课,下班后品品茶,种种花草。可让大家出乎意料的是,郭兰英到了中央音乐学院后,只要一有机会就出差往外跑。她到很多艺术学校去交流,去学习。虽然离开了舞台,但她依然是那个风风火火的郭兰英。

"郭兰英真是个要强的人，无论决定做什么，都想要做到最好。"有人这样评价她。

还真是说对了！郭兰英选择了的事情，她就会坚定不移地做下去。

令大家更没想到的是，积累了一定教学经验的郭兰英又做出了一个惊人的决定——她不光告别了舞台，还要告别中央音乐学院，告别首都北京！

郭兰英捐出了自己所有作品的版权，并同丈夫万兆元变卖了家产，揣着七万多元钱离开北京，一起去了广东番禺——著名音乐家冼星海的故乡。他们打算在那里办一所艺术学校，为国家培养新一代的艺术工作者。

她的心从未离开过舞台，从未离开过自己心爱的艺术事业！

自办学校再起航

一丛丛的青草上,跳跃着明晃晃的阳光。郭兰英夫妇带着几个志愿者上了山。

"往上,再往上,很快就能见到我们的校址了。"郭兰英一边气喘吁吁地往上爬,一边兴致勃勃地说。

这个叫飞鹅岭的地方,就是承载着她新的梦想的地方。

"看啊,到了!"

飞鹅岭上,原本有个破旧的农场,被杂树杂草掩映着,显得十分荒凉。

"别看这儿现在不怎么样,但我们会把它建设得漂漂亮亮的。"郭兰英比画着,给大家描绘心中的蓝图,"这边,我们打算建一个排练厅。这边呢,是教学楼,还要有图书馆、花园……"

一行人走进农场里仅有的几间草棚。没有床,大家就打地铺睡觉;没有灶,大家就去捡石头自己垒。

在这荒郊野外,条件十分艰苦,但郭兰英他们从没有想过放弃。他们心中有梦,脸上有光。每天清晨,被明亮的阳光叫醒,他们便开始了修建校舍的工作。

由于经费有限,他们想自己动手先盖几间平房当宿舍,等安顿好再做打算。十来个人分工合作,有的挖地基,有的搬石头,有的联系人送水泥沙子、砖头和瓦片。每一个人都抱着再苦也要坚持下去的念头,在工地上来来回回,忙忙碌碌。

一块块方方正正的地基被挖出来了,一堵堵用沙砖垒起的墙成形了,一间间房屋拔地而起,有了门,有了窗,让人越看越欢喜。眼看就要完工,大家心里充满了喜悦。这一天恰逢中秋,他们早早地收了工,一帮人七手八脚地炒了几个好菜,还拿出一瓶白酒,计划热闹热闹。

平日里,大家都只埋头干活,今天难得放松。

"郭老师,给我们唱一曲吧。"

"要唱就大家一起唱。"郭兰英轻轻地打起拍子,"预备,唱,花篮的花儿香,听我来唱一唱,唱呀一唱……"

他们唱呀,说呀,举起酒杯庆祝,酒染红他们的脸颊,欢乐在他们心中流淌。窗外的月亮那么圆,照得屋子里亮堂堂的,每一个人都欢笑着,似乎看到了光明的未来。

可谁也没有想到,那天晚上,酒酣入梦的同志们被一阵狂风暴雨给惊醒了。

风咆哮着,甩着鞭子似的抽打着树木与房屋。雨瓢泼似的,打在屋顶上,打在树枝上,打在地面上……

第二天一大早,郭兰英和同志们走向工地,发现他们辛辛苦苦盖的几间平房全垮了!郭兰英心痛至极,这一砖一瓦全是他们亲手搭建起来的呀,只一夜,就功亏一篑。一时间悲从心来,郭兰英颓然地坐下,在泥水地里泪流不止。

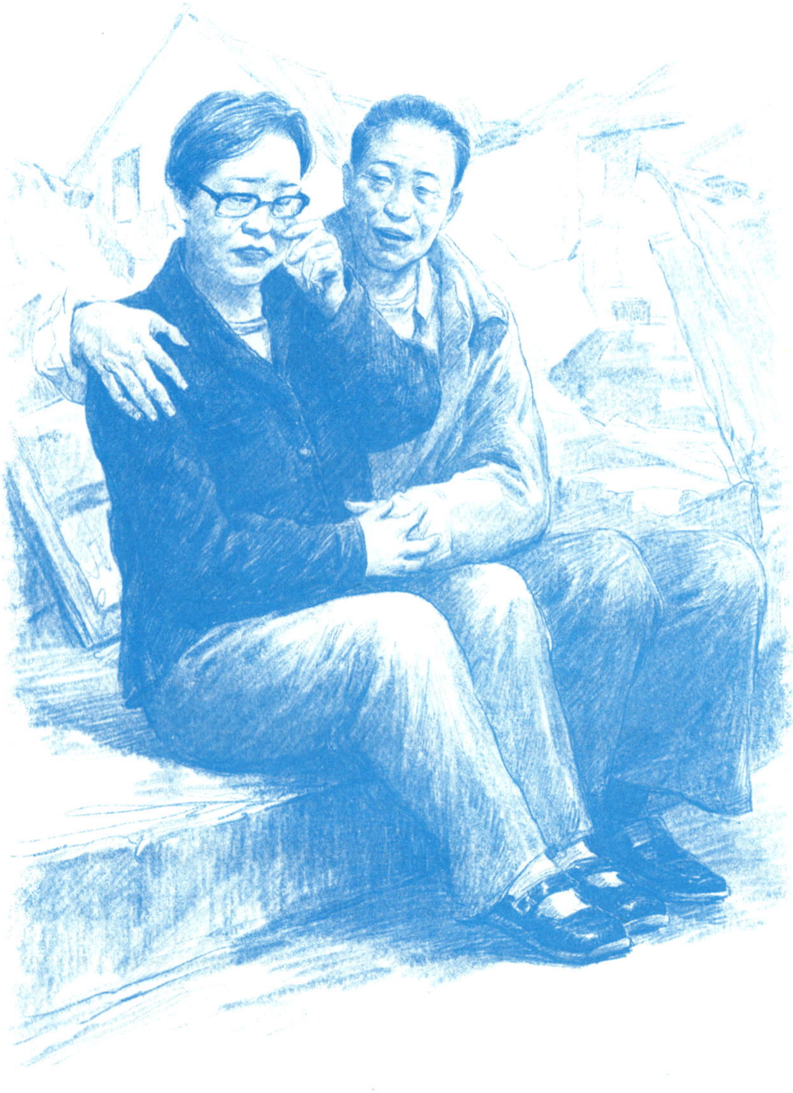

老伴万兆元和朋友们好说歹说,才把满身是泥的郭兰英从地上拉起来。

"屋子毁了,我们重新建。资金没有了,我去找人想办法。"万兆元对郭兰英说,"放心吧,建艺术学校是你的梦,也是我的梦。"

那一段时间,大家都靠着郭兰英手里微薄的积蓄度日。万兆元则到处找人,为艺术学校筹募资金。

有时候,望着日渐消瘦的老伴,郭兰英觉得十分愧疚:"老万啊,是我拖累了你。"郭兰英也会陷入迷茫,自己放弃了北京的一切,包括政协委员、音协委员、人大代表等诸多名誉,赤手空拳到广东打拼,想要创办艺术学校,哪知,办校并不是一帆风顺的,这结果是好是坏,实在是难以预料。

"夫妻间还说什么拖累不拖累的?咱们一起努力!兰英,办艺术学校不仅仅是圆你的梦,也同样会点燃许多孩子的梦想。"

万兆元是著名书画大师李苦禅的弟子,他自己也是一位极有名气的书画家,但在郭兰英的眼里,他就是她的依靠。

终于,在大家的共同努力下,飞鹅岭上的工程又重新启动了。

尽管有专业施工队,但郭兰英仍然是能省则省,她拿起锄头,扛起铁锹,每天和伙伴们一起开垦花园,一起种植林荫道。校园的每一个角落,都洒满了他们奋斗的汗水。

渐渐地,校园初具规模,漂亮的教学楼盖好了,整洁的宿舍楼也盖好了。

渐渐地,图书馆、食堂都盖好了。

在这片荒芜的土地上,矗立起一座美丽的校园。校园中,花木成林,鸟唱雀啼,多么令人欣喜!就像郭兰英所唱的《南泥湾》一样,他们凭着自己的辛勤劳作,凭着火一般的热情,改变了这块土地。

郭兰英艺术学校在一阵阵喜气洋洋的鞭炮声中剪彩,开门迎接来自五湖四海的学生。

在剪彩仪式上,郭兰英的眼中饱含热泪。她仿佛看到,过不了多久,那些朝气蓬勃的孩子便会走进校园,伴随着朗朗的琴声高歌或翩翩起舞,那时候,校园里便会充满生机与活力。她仿佛看到,过不了多久,那些学有所成的孩子又会走出校园,在闪亮的舞台上开启自己的艺术生涯,展现自己的风采……

周总理的嘱托,我总算达成了!郭兰英抬手拭了拭眼角,那一刻,她似乎看见了周总理,看见他露出的亲切微笑。

告别舞台之后的郭兰英又站在了一个新起点上,这一次,她要尽己所能,为祖国培养更多优秀的艺术人才。

桃李成行春满园

郭兰英艺术学校开学了,郭兰英在担任校长的同时,还亲自教声乐系的课,每天早上,她都带着学生一起练功。

在学生们的眼里,她是一位严厉的老师。对每一个学生,她都恨不得在短短的几年里,把自己一辈子积累的经验倾囊相授。大到一个动作,小到一个眼神,一招一式,她都有细致而严格的要求,任何人想要偷懒都瞒不过她敏锐的眼睛。谁要是学得不认真,她还会督促他一遍又一遍地练习。

"你要是学得不好,我不会饶过你。如果今天我饶了你,明天观众饶不了我,也一样饶不了你……"

"唱,观众不是听你的声音,而是内容,每一个字都要像铁锤一样砸出去!重来,再用力一点儿!"

郭兰英教得一丝不苟,学生们也丝毫不敢大意,学得认真勤奋。他们跟随郭兰英老师练唱功,练动作。师从著名歌唱家,谁也不能砸了老师的牌子。

在学生们的眼里,郭兰英不只对大家严厉,对自己的要求也非常高。在指导学生们排《白毛女》这场戏时,郭兰英不顾自己年事已高,亲自为学生示范喜儿逃跑的戏段。

"喜儿跑着跑着,脚下一滑,摔倒了!"郭兰英示范到这里,扑通一声摔倒在舞台上,把大家都吓了一大跳。直到这时,他们才明白,郭兰英老师的教学是实打实地教,她绝不会站在一旁敷衍了事地指导,她教给大家的是带着真情实感的表演。

那一节课,郭兰英一遍又一遍地摔倒,又一遍接一遍地爬起来。课后,大家发现,老师的后背已被汗水浸湿了,她的腿上赫然出现了两大团瘀青。

如果说在这之前,学生们练习时还有一点儿敷衍,那么在这节课之后,他们个个都转变了态度。他们从郭老师这里理解了艺术来源于生活,也从郭老师这里学到了唯有精益求精才能学有所成。

在学生们的眼里,郭兰英也是一位和蔼可亲的老师。一下了课,她就像换了个人似的,谦虚宽厚,对每一个学生都关怀备至,像照顾自己的孩子一样照顾大家。

有一次,有个学生在排戏时扭伤了腰,躺在床上无法自理。郭兰英安慰她说:"孩子,别怕,我来照顾你。我以前瘫痪过,比你这个可严重多了。"郭兰英把学生带回家,到处为她找药,每天还细心地为她擦洗身体。

"郭老师,您像我的亲奶奶。不,您比我的亲奶奶还要亲!"学生眼泪汪汪的,心中充满了感激。真想不到,一个在艺术领域有着极高成就的人物,在舞台下,在生活中,竟是一个和蔼可亲的老奶奶!

郭兰英对学生说过最多的一句话就是:"台上,我们是师徒,不能有一丝一毫的马虎。台下,孩子们,你们得把这里当成家。"

从前,郭兰英是站在舞台上,收获观众们给予的热烈掌声;如今,她要坐在舞台下,为自己的学生鼓掌欢呼。

郭兰英越来越热爱教育事业了,她每天都跟孩子们待在一起,虽然有操不完的心,但看着他们一天天如小树一般茁壮成长,心里就充满了欣慰。

郭兰英说:"我是年纪大了才领悟到自己的使命,那就是让我们的事业后继有人。我要把所剩的精力拿出来,献给毕生热爱的新歌剧。我愿做一颗铺路的石子,让新一辈的人踏着它一步一步走下去。"

郭兰英一直致力于发展民族表演艺术,渐渐地,艺术学校的名声越来越响,有许许多多青涩的少男少女走进来,又有许许多多崭露头角的艺术人才从这里离开。

三十余年，似乎只是短短一瞬间，不知不觉，桃李成行。郭兰英培养了许多出色的学生，李元华、万山红、刘玉玲等当代著名歌唱家皆出自她门下。

当年，郭兰英果断地告别了心爱的舞台。如今，她再次向大家证明，即便是告别了舞台，她依然能发光发热，成为一位出色的民族声乐教育家。

就像她的老朋友乔羽盛赞的那样：凡是一个大家，总是在他的领域内创造了一个时代，在他的时代里，别人是无法逾越的。如果你也创造了你的时代，你也是无法逾越的。一个大家是一座高峰，正是一座座不可逾越的高峰，巍然雄峙，互相映照，才使一部艺术史形成了一幅壮丽的画卷。

在乔羽眼里，郭兰英就是这样一座高峰，在歌唱领域，在歌剧表演领域，她都创造了一个时代的传奇，别人无法逾越。然而，郭兰英却谦逊地说："我的荣誉是人民给的，我只是在尽我的本分。我努力过，无愧于心。"

这位声名赫赫的老人，此刻却像一株深谷幽兰，默然芬芳。

当年，李苦禅先生曾赠画予她，题曰"兰为众花香"，郭兰英稍后添上了一句"吾为人民唱"，以此自勉。

是啊，郭兰英从新中国成立前唱到了新中国成立后，从革命时期唱到了改革开放时期，她为中国民族歌剧表演体系的建立和民族演唱艺术的发展做出了开拓性的贡献，也为人民留下了许多不朽的经典作品。

如今，郭兰英的歌曲滋养着一代又一代人，她培养的学生也在为中国的艺术事业奉献着自己的芳华！